上海辞书出版社文学鉴赏辞典编纂中心 编

文学名家
鉴赏辞典系列

狄更斯作品

鉴 赏 辞 典

上海辞书出版社

前　言

查尔斯·狄更斯是 19 世纪英国的杰出小说家,英国批判现实主义文学的代表人物。

1812 年,狄更斯出生于英国朴次茅斯。由于家贫,小狄更斯被迫辍学,早早肩负起生活的重担,十二岁就到鞋油作坊做了半年多的童工。这段经历使得他对底层人民特别是儿童的不幸遭遇怀有深刻的感受和同情,对他日后的创作影响深远。年轻的狄更斯为生活奔波,先后做过律师事务所的缮写员、法庭速记员、新闻记者等。社会历练使得狄更斯充分体味了世态炎凉,为他的写作积累了大量的素材。在担任记者期间,狄更斯发表多篇随笔、特写,并出版了《博兹特写集》,逐渐在文坛崭露头角。1837 年,长篇小说《匹克威克外传》的出版使得年仅二十五岁的狄更斯一举成名,成为当时英国最受欢迎的作家之一。随后,狄更斯进入了创作生涯的第一个高潮,1837 年到 1841 年,他先后出版了《雾都孤儿》、《老古玩店》等五部长篇小说。狄更斯早期的作品洋溢着青春的热情,基调较为乐观,人物性格鲜明,时常流露出颇具智慧的幽默。

1842 年,狄更斯前往美国游历。原本对这个"新型国家"心向往之的狄更斯,发现美国社会也并不如想象中的美好。理想的幻灭对狄更斯造成了不小的冲击,也使得他对社会的思考有所深入,小说中的人物塑造也随之更加成熟,描绘了许多经典的形象,如《董贝父子》中唯利是图、冷漠无情的董贝先生,《艰难时世》中古板功利、以"事实"为信条的葛擂硬,《小杜丽》中纯真善良又坚强的小杜丽,等等。1850 年,狄更斯的代表作、他"最宠爱的孩子"《大卫·考坡菲》出版。这部作品有着浓厚的自传性质,主人公历经苦难与奋斗、最终成为名作家的经历,几乎就是狄更斯自身的写照。列夫·托尔斯泰曾称赞此书为"一切英国小说中最好的一部"。

狄更斯在晚年遭受到了婚姻不幸的打击，作品的格调变得阴沉，笔调显得冷峻暗淡。这一时期的代表作当属《双城记》。"那是最好的年月，那是最坏的年月，那是智慧的时代，那是愚蠢的时代……"这部巨作以宏大的背景、形形色色的人物与曲折离奇的情节打动了无数读者。1870 年，狄更斯在盖茨山庄逝世，留下了十几部长篇小说，和数以百计的中短篇作品。

作为现实主义的代表人物，狄更斯将丰富的人生经历融入笔端，展现出一幅幅摇曳多姿的 19 世纪英国社会风俗画。他对资本主义的黑暗予以犀利又诙谐的讽刺，揭露资产阶级的伪善面孔下的贪婪与冷酷，抨击政府和司法部门的腐败与残暴。作品饱含着人道主义思想，对勤劳善良却又饱受磨难的穷苦人民深切关怀。他善于以寥寥几笔勾画出人物的鲜明性格，也长于对故事情节进行精妙而妥帖的安排，让小说引人入胜。一百多年来，他的作品多次被改编为影视作品，让一代又一代人为他笔下的世界而欢笑、流泪。

为了使今天的读者更好地领会狄更斯作品的魅力所在，本书选取狄更斯不同时期的小说作品 8 篇及散文《游美札记》的精彩段落，采用经典译本，辅以鉴赏文章，分析作品的思想内涵、艺术手法、语言特色等。书后并附有狄更斯生平及创作年表以供参考。不足之处，还望读者指正。

上海辞书出版社文学鉴赏辞典编纂中心

2015 年 9 月

小说

9   匹克威克外传

28   雾都孤儿

40   老古玩店

56   董贝父子

80   大卫·考坡菲

92   艰难时世

110 双城记

128 远大前程

散文

149 游美札记

附录

165 狄更斯生平与创作年表

目

录

小说

Graziosiehen

匹克威克外传

| 作品提要 |

　　匹克威克先生是一位天真善良又不太懂得人情世故的老绅士,拥有一家以自己名字命名的俱乐部——匹克威克社。为了增长见识,他决定率领三位俱乐部成员:年迈多情的特普曼、附庸风雅的史拿格拉斯和纸上谈兵的文克尔走出伦敦,到英国各地漫游。小说情节以匹克威克先生和朋友们富有喜剧色彩的见闻和遭遇展开,始终贯穿着两条主线:一是匹克威克们与骗子金格尔的矛盾,一是房东巴德尔太太指控匹克威克毁弃婚约的诉讼案件,同时还穿插着俱乐部成员们的爱情故事,以及沿途听到的十个富有传奇色彩的故事。随着匹克威克们的行程,小说把从大小城镇到乡村庄园、从教堂法庭到学校客栈的各类生活场所,从选举、宴会、舞会到阅兵、婚礼、决斗再到打猎、滑冰、打球等各种生活情景,从卑鄙无耻的律师到煽风点火的报人、从搔首弄姿的贵妇再到伶俐老练又忠诚的仆人等形形色色的人物巧妙地穿插衔接在一起,织就了一幅19世纪前期英国社会生活的栩栩如生、斑斓多彩的艺术长卷。

| 作品选录 |

　　许多作家抱着一种不仅是愚笨的、而且的确是不诚实的态度,不肯承认他们取得许多可贵的材料的来源。我们不是这样。我们只是努力用正直的态度,履行我们作为编辑者的应尽之责;即或在别种情形之下我们也许会有什么野心,想自称是些故事的著作者,然而对于真理的尊重阻止我们僭越地居功——我们只能说,我们的功劳只是把材料作了

适当的处理和不偏不倚的叙述而已。匹克威克社的文件是我们的新江水源；我们可以比做新江自来水公司。别人的劳动替我们造成了一个巨大的、积聚了重要材料的贮水池。我们呢，只是通过这些人的媒介，把它们安排成清洁而缓和的水流，输送给渴望匹克威克派的学问的世界。

为了根据这一精神行事，并且毅然执行我们的决定，把我们所叨光的蓝本承认出来，我们坦白地说，这一章和下一章所记载的详情细节，都是叨了史拿格拉斯先生的笔记簿的光——那么，既然已经解脱了我们良心上的负担，现在我们就来把这些情节加以详述，不再注释了。

第二天，洛彻斯特和附近一些市镇上的全体居民一大清早就爬了起来，而且极其忙乱和兴奋。操场上要举行大阅兵。有半打联队要演习给总司令大人"明察"；临时的炮台已经搭好了，要有对堡垒攻击和占领，还有一个地雷要爆炸。

读者从前面记述的匹克威克先生对查特姆的描写的简单摘要看来，也许已经推测得出他是军队的热情的赞美者了。无论什么都比不上看演习更能使他愉快，也更能使他的同伴们的个别的口味如此地和谐一致。因此，他们很快就出发向检阅的地点走去，那里已经有成群的人从四面八方涌去了。

操场上的一切都显示出将临的仪式是极端庄严和隆重的。有哨兵们站岗替队伍守住场子，仆人们在炮台上照应女眷们的座位，中士们腋下夹着皮面的书跑来跑去，布尔德尔上校呢，全副武装，骑在马上，一会儿奔到这里，一会儿奔到那里，并且在人群里勒马倒退，跳着、蹦着，用极其惊人的样子叫唤着，弄得嗓子非常之哑，脸孔非常之红，其实并没有什么原因或理由。军官们前前后后地奔跑，先和布尔德尔上校说话，后来就命令中士们，再后来就全都跑掉了：连兵士们在他们的发光的枪杆子后面都显出神秘的庄严神情,这充分说明了事情有着一种特殊的性质。

匹克威克先生和他的三位同伴在群众的最前排站着,耐心地等候演习开始。人群时刻在增加;他们为了维持既得的地位而被迫进行的努力,充分占据了他们随后两个钟头之内的注意力。有一次,后面来了一阵突然的压力;于是匹克威克先生被猛然撞出去几码远,这一动作的速度和弹性,达到了和他的一般举止的庄重极不调和的程度;又有一次,前面来了"退后"的叫声,于是枪托子不是落在匹克威克先生的脚趾上来提醒他执行这个要求,就是戳到他的胸口来保证这个要求不被忽视。随后,左边有几个诙谐的绅士,合伙向旁边乱推乱挤,把史拿格拉斯先生挤到了人间惨境的极点,而他们倒说"请问他到底要轧到哪里去",而文克尔先生因为目击这种无缘无故的袭击,刚刚表示出非常愤慨的样子,却有什么人在他背后把他的帽子揿到眼睛上,说是劳驾把头塞在口袋里吧。诸如此类的并不是开玩笑的妙事,再加上特普曼先生的不可捉摸的下落不明(他突然失踪了,而且到处找不到),弄得他们的处境整个说来与其说是愉快或者可意,不如说是不舒服了。

终于,群众中间传出许多声音所组成的一种低吼声了,这种声音通常是宣布他们所等待着的什么东西来临了。所有的眼睛都向着暗门那边看。望眼欲穿地等了一会儿之后,看见旗帜在空中得意地飞扬,武器在阳光之下亮晶晶地闪耀:于是一队接一队的兵涌到平地上了。军队停下来排好了队;命令传遍了行列,全体克拉一声,都举起枪;总司令由布尔德尔上校和许多军官陪着,策马缓步而来,到了队伍前面。军乐队全体吹奏起来:每匹马都用两条腿站着,慢慢向后退着,把尾巴四面八方地拂着;狗吠着,群众尖叫着,军队举枪完毕,恢复了原样;这时,目光所及之处,无论在哪一边都是什么也看不见了,只有一片由红衣服和白裤子构成的由近而远的景色,一动也不动地固定在那里。

匹克威克先生因为全心全意地忙着退避和从马腿中间奇妙地解脱出来,所以没有得到充分的闲暇来观察当前的情景,直到它变成了我们刚才所说的那副样子。当他终于能够立定脚跟的时候,真是无限地满足和愉快了。

"还能有什么更妙的,或者更有趣的吗?"他问文克尔先生。

"没有了。"那位绅士回答;先前曾经有一位矮小的男人在他的两只脚上站了一刻钟。

"真是高贵而光辉的景象,"史拿格拉斯先生说,一股诗意在他的胸中急速地爆发了,"请看这些英勇的、保卫自己祖国的人们,在和平的市民面前摆出了堂堂的阵容:他们的脸辉耀着——不是杀气腾腾的凶猛,而是文明的温雅;他们的眼睛闪着光——不是劫掠或复仇的粗卤的火,而是人道和智慧的温柔的光。"

匹克威克先生是完全同意这一番颂词的精神的,但是他不能很好地响应它的字句了;因为"向前看"的命令发出之后,那智慧的柔光却在战士们的眼睛里变微弱了;所有的观众都只看见面前成千对笔直地凝视着前方的眼睛,完全丧失了任何种类的表情。

"现在我们的位置好得很了。"匹克威克先生说,四面看看。群众已经逐渐从他们附近散开,差不多只有他们几个人在那里了。

"好得很!"史拿格拉斯先生和文克尔先生同声响应说。

"他们现在在干什么?"匹克威克先生问,整了一整眼镜。

"我——我——我看他们好像,"文克尔先生说,脸渐渐地变了色——"我看他们好像是要开火了。"

"胡说。"匹克威克先生冒冒失失地说。

"我——我——我看当真是的。"史拿格拉斯先生迫切地说,有点惊慌。

"不可能的。"匹克威克先生回答,他几乎还没有说完,整个的半打联队就都举平了枪,好像他们大家只有一个共同的目标,而这目标就是匹克威克派;而且一种最可怕、最猛烈的射击开始了,这种射击会震得大地的心发抖,会使一位上了年纪的绅士的心抖掉。

这是一种艰难的处境,既暴露在空枪的火力的威胁之下,又受着部队行动的侵扰,一支新的队伍开始在对面列阵,匹克威克先生表现出了作为一个伟人所不可缺少的附属物的那种充分的冷静和镇定。他抓住文克尔先生的手臂,并且让自己置身于这位绅士和史拿格拉斯先生之间,热切地请求他们记住,除了有被声音震聋耳朵的可能之外,不用担心有什么即将临头的危险。

"但是——但是——假设有些兵士偶尔错用了实弹呢,"文克尔先生谏诤地说,他自己想到的这种假设使他失色了。"刚才听到什么东西在空中嘘嘘地响——声音清清楚楚:紧贴着我的耳朵。"

"我们还是伏在地下吧,好吗?"史拿格拉斯先生说。

"不,不——这就没有事了。"匹克威克先生说。他的嘴唇也许会发抖,他的脸也许会发白,但是这位不朽的人的嘴里不吐出一句恐惧或者忧虑的话。

匹克威克先生是对的:枪不放了;可是他几乎还没有来得及庆祝自己的意见的正确,就看见队伍中间发生了一种迅速的运动:沙哑的命令声沿着行列传了过去,还在这三位之中谁都没有来得及猜到这种新行动的意义的时候,全体六个联队就都端着上好了的刺刀,快步地向匹克威克先生和他的朋友们站着的地点冲了过来。

人总不过是血肉之躯;也总有一个界限是人类的勇气所不能超越的。匹克威克先生通过眼镜向前进中的大批军队凝视了一会儿;然后老老实实地转过身来,于是就——我们不说是逃;因为,第一,那是一个卑劣的字眼,而第二呢,匹克威克先生的身材是一点儿也不适合于那种方式的撤退的——于是就尽他的腿子能搬动他的最高速率,用碎步跑开了;的确是跑得很快的,所以他竟没有充分地发觉他的处境的尴尬,等到发觉,已经太迟了。

对方的军队,就是在几秒钟之前曾经列阵使匹克威克先生觉得惶惑的,已经摆开阵势准备击退装作攻城的军队了;结果呢,匹克威克先生和两位同伴发现自己突然被包围在两条长长的行列之中了,一条是在急速地向前推进,另外一条是保持着敌对的阵势坚决地等待着冲击。

"嗬!"前进着的行列中的军官喊——

"让开。"静止不动的一边的军官们叫。

"我们向哪里跑呢?"发了急的匹克威克派们尖声叫喊。

"嗬——嗬——嗬"是唯一的回答。一瞬间的极度的狼狈,一阵沉重的脚步的践踏,一阵猛烈的冲击;一声忍住的笑——六个联队已经过去五百码远了;匹克威克先生的靴子底朝了天。

史拿格拉斯先生和文克尔先生各人都很矫捷地演了一场迫不得已的翻跟头的把戏;当后者坐在地上、用一条黄色丝手绢来阻挡从鼻子里淌出来的生命之流的时候,触到他的眼睛的第一件东西却是他的可敬的领袖在不远的地方追自己的帽子,那帽子呢,恶作剧地跳着,由近而远。

人的一生中是难得经验到像追逐自己的帽子的时候这样可笑的窘境的,也是难得像这样不容易博得慈善的怜恤的。大量的镇定和一种特别的判断力,是捉帽子的时候所必需的。你决不能跑得太快,不然的话就要踩了它;你也决不能走另一个极端,那是会根本找不到它的。最好的办法是文雅地紧跟着你所追的东西,小心而谨慎,看准机会,逐渐

走到它的前面,于是很快地向下一扑,一把抓住帽顶,把它结结实实地
揿在头上;并且始终高高兴兴地微笑着,似乎你像任何别人一样,觉得
这是怪有趣的事情。

那时正刮着不大不小的风,匹克威克先生的帽子就在风前面嬉戏
地滚着。空中吹着风,匹克威克嘴里也吹着风,帽子滚了又滚,像趁着
大潮的一只活泼的海豚一样快活;它简直要径自向前滚去,叫匹克威克
先生望尘莫及了,幸而它的行程终于被阻,这时那位绅士正打算把它交
给它的命运去处置了。

原来,匹克威克先生完全筋疲力竭了,正打算放弃这场追逐,帽子
却相当猛烈地撞在一辆马车的轮子上了:他所趋向的地点有七八辆车
子排着,那辆就是其中之一。匹克威克先生看到这是一个有利的机会,
就急忙地冲上去保全了他的财产,把它戴在头上,就停下来喘气。他站
定了还不到半分钟,就听到有人热情地叫他的名字,他立刻听出那是特
普曼先生的声音,抬头一看,真使他又惊又喜。

在一辆敞篷四轮大马车里——为了更好地适应于那样挤的地方起
见,马已经卸掉了——站着一位胖胖的老绅士,穿着有亮晶晶的纽子的
蓝色上衣、起凸花的厚布短裤和高统靴;两位都有阔披肩和羽毛装饰着
的年轻的女士;一位显然已经爱上了有披肩和羽毛的两位小姐之一的
青年绅士,一位年龄很难说的太太,也许是上述两位的姑母;还有特普
曼先生,就像他是一生出来就属于这个家庭的那么自在和逍遥。车子
后部拴着一只容量很大的篮子——这是那种永远叫一个爱沉思的人联
想到冷鸡、牛舌和酒瓶的篮子——而车子前面的驭者座上坐了一个昏
昏欲睡的、红脸的胖小厮,任何一个善于推测的观察者看见他,都不会
怀疑:如果到了应该吃那些东西的时候,他就是那篮子里东西的正式分
发者。

匹克威克先生对这些有趣的东西投了匆匆的一瞥之后,他的忠实的信徒又招呼他了。

"匹克威克——匹克威克,"特普曼先生说,"这里来。快点。"

"来吧,先生。请上来,"那个胖绅士说。"乔!——该死的孩子,他又睡着了。——乔,放下脚踏子。"胖孩子慢吞吞地滚下驭者座,放下脚踏子,邀请地拉开了车门。这时,史拿格拉斯和文克尔先生走了过来。

"你们都有地方,绅士们,"那胖子说。"两位在里面,一位在外面。乔,让一位绅士坐在驭者座上。喂,先生们,来吧。"胖绅士伸出了手臂,用全力首先把匹克威克先生拉进了马车,然后是史拿格拉斯先生。文克尔先生爬上了驭者座,胖孩子也蹒跚地爬了上去,而且立刻睡得人事不知了。

"唔,绅士们,"胖子说,"看见各位荣幸得很。久仰了,绅士们,虽然你们也许不记得我了。去年冬天我在你们贵社消磨过几个晚上——今天早晨在这里碰上了我的朋友特普曼先生,我真高兴。唔,先生,你好吗?你看来是好得很的,毫无疑问啰。"

匹克威克先生接受了这番恭维,跟那穿高统靴的胖绅士热忱地握了手。

"你呢,你好吗,先生?"胖绅士用父兄般的关切对史拿格拉斯先生说。"动人得很吗,呃?唔,不错——不错。而你呢,先生(对文克尔先生)?好,听你说好,我很高兴;非常高兴,的确的。我的女儿们,绅士们——这是我的女儿们;那是我的妹妹,来雪尔·华德尔小姐。她是一位小姐;然而她又不是一位小姐——呃,先生——呃!"这位胖绅士用手拐子开玩笑地捣了一下匹克威克先生的肋骨,纵声大笑起来。

"嗳呀,哥哥?"华德尔小姐说,带着向哥哥求饶的微笑。

"真的嘛,真的嘛,"胖绅士说,"谁也不能否认呵。绅士们,请你们原谅；这是我的朋友特伦德尔先生。你们现在彼此都认得了，让我们舒舒服服快快乐乐，看看那里还在进行着什么；就这样吧。"因此胖绅士戴上了眼镜，匹克威克先生也拿出了眼镜，大家都在马车上站了起来，越过别人的肩膀看军队的演习。

真是惊心动魄的演习：一排兵从另外一排兵的头上放枪，放了就跑开；于是这另外一排又从另外的一排的头上放枪，放了也就跑开；后来是排成许多方阵，把军官们围在当中；后来是用云梯从一边爬下濠沟，再从另一边用同样的方法爬上来；于是用一切的英勇姿态之中最英勇的姿态冲破了篮子做成的障碍阵。随后，炮台上的大炮被用那些像放大的拖把似的工具把里面的火药塞得那么紧；而且在放炮之前做了那么认真的准备，在放炮的时候又发出那么可怕的声音，以致空中回响着太太小姐们的尖声叫唤。两位年轻的华德尔小姐是这样吃惊，以致特伦德尔先生竟不得不抱住其中的一位，同时史拿格拉斯先生也支持了另外一位；而华德尔先生的妹妹呢，她的神经受惊到了这样一种可怕的地步，使得特普曼先生发现：用他的手臂去围住她的腰使她能够站住，是万分必要的。每个人都激动了，除了那个胖小厮，他睡得那么熟，好像大炮的吼声只不过是他的寻常的催眠歌。

"乔，乔！"堡垒被占领之后，攻击的和被攻击的都坐下来吃饭的时候，胖绅士说。"该死的孩子，他又睡着了。请你行个好拧他一把，先生——在腿上，劳驾；除此之外，怎么也弄不醒他的——谢谢你。把篮子解下来，乔。"

胖孩子由于腿子的一部分在文克尔先生的大拇指和食指之间被压榨的结果，醒过来了，于是又一次爬下驭者座，着手打开食物篮，动作却比人们根据他先前的不活跃所预料的要敏捷些。

"那么，我们紧挨着坐下来吧。"胖绅士说。说了许多笑话要女士们束紧袖子之后,并且由于叫女士们坐在绅士们膝头上之类的诙谐提议而引起了大量的脸红之后,大伙儿挤着在马车里坐好了;胖绅士开始从胖孩子(他已经特地骑在车篷后面)手里把东西接到里面来。

"现在,乔,拿刀叉来。"刀叉递进来了,里面的绅士淑女和外面驭者座上的文克尔先生各人都配备好了这些有用的工具。

"盘子,乔,盘子。"这种陶器也用同样的办法分配了。

"现在,乔,拿鸡来。该死的孩子;他又睡着了。乔!乔!"(一根手杖在胖小厮头上作了种种的敲打,他勉勉强强从昏睡中醒来了。)"来,把吃的东西递进来。"

"吃的东西"这几个字眼里面有种什么东西使那叫人感到油腻的孩子振奋了起来。他跳起来从篮子里拿出食物,一面用他那双藏在像山一样鼓起来的两颊后面眨动着的没有光泽的眼睛,可怕地对那些食物睨视着。

"哪,快些。"华德尔先生说;因为胖孩子恋恋不舍地拿住一只阉鸡,好像完全不可能放手了。被催促之后,他就深深叹一口气,并且热烈地凝视一番它的肥壮,然后才不情愿地交给了他的主人。

"这才对——提起精神来。现在拿口条来——现在拿鸽子馅饼。当心小牛肉和火腿——注意龙虾——把生菜从包着的餐巾里拿出来——把作料给我。"华德尔先生嘴里发出这些急促的命令,拿来了上述种种食品,把一盘盘的菜放在每人的手里和每人的膝上,一道一道没有个完结。

"哪,这样妙不妙?"那位有趣的人物在消灭食物的工作开始的时候发问。

"妙!"在驭者座上切鸡的文克尔先生说。

"来杯酒吗?"

"再好没有了。"

"你还是另外弄一瓶在那上面喝吧,好不好?"

"真多谢了。"

"乔!"

"嗳,先生。"(这次他没有睡着,刚刚暗地拿下一块小牛肉馅的面饼。)

"拿瓶葡萄酒给驭者座上的绅士。干一杯吧,先生。"

"多谢。"文克尔先生干了杯,把酒瓶放在身边。

"赏光干一杯吗,先生?"特伦德尔先生对文克尔先生说。

"奉陪。"文克尔先生回答特伦德尔先生;于是两位绅士喝了葡萄酒。之后,大家都干了一杯,女士们也在内。

"亲爱的爱米丽跟那位陌生绅士撒娇哪。"老处女姑母带着道地的老处女姑母式的妒忌对她的哥哥华德尔先生低低地说。

"啊!我不知道,"有趣的老绅士说,"一切都是很自然的,我敢说——没有什么稀奇。匹克威克先生,喝点儿吗?"深深地钻研着鸽子饼的内幕的匹克威克先生,欣然首肯了。

"爱米丽,我的亲爱的,"老处女姑母用保护者的神情说,"不要讲得这么响,宝贝。"

"嗳呀,姑母!"

"我想,姑母和那矮小的老绅士是要我们都不响,只让他们讲去。"伊莎白拉·华德尔小姐和她的姊妹爱米丽捣鬼话说。年轻的女士们笑得很开心,年纪大的那位努力装作很和蔼,但是装不好。

"年轻女孩子们真有这样的精神。"华德尔小姐对特普曼先生说,带着温柔的表示怜恤的神情,好像旺盛的精神是违禁品,未经允许而有了的话,就是很大的罪过。

"啊,她们是那样的,"特普曼先生回答,回答得并不恰如对方的期望,"那很叫人欢喜。"

"哼!"华德尔小姐说,带着怀疑的意味。

"允许我吗?"特普曼先生用最殷勤的态度说,伸出一只手去摸迷人的来雪尔的手腕,另外一只手文雅地举起了酒瓶,"允许我吗?"

"啊!"来雪尔说。特普曼先生的神情是极其动人的;而来雪尔呢,她表示害怕等会儿还要放炮,在那种情形之下,她当然是又需要人搀扶的。

"你觉得我的侄女们漂亮吗?"她们的慈爱的姑母向特普曼先生耳朵里低低地说。

"假使她们的姑母不在场的话,我会觉得是的。"那位胸有成竹的匹克威克派回答,热情地瞟了她一眼。

"嗳;你这顽皮的人——但是说真话,假使她们的相貌稍微好一点儿的话,你不觉得她们是漂漂亮亮的女孩子吗——在灯光下面看起来?"

"是的;我想是的。"特普曼先生说,带着淡漠的神情。

"啊,你这刻薄的人——我知道你打算说什么的。"

"说什么?"特普曼先生问,他根本没有打算说什么。

"你想说,伊莎白拉是驼背的——我知道你想这样说——你们男人正是这样的观察者呵。是呀,她是驼的;不能否认呵;而且的确,假使有一种比什么都厉害的、最叫女孩子显得难看的缺点,那就是驼背。我常常对她说,她到年纪略微大些的时候,那就怕人极了。哪,你真是一个刻薄的人!"

特普曼先生对于这么便宜地得到这种荣誉并不反对:所以他显出非常了然的样子,并且神秘地微笑一下。

"好厉害的讥讽的微笑,"钦佩的来雪尔说,"我承认我是十分怕你的。"

"怕我!"

"嗳,你什么都瞒不了我——我知道那种微笑是什么意思,我知道得很清楚。"

"什么呢?"特普曼先生说,他自己是连想都没有想到的。

"你的意思是,"这位和蔼的姑母说,把声音放得更低些——"你的意思是,你觉得伊莎白拉的驼背还没有爱米丽的厚脸皮坏。唔,她真是厚脸皮哪!你想不到有些时候把我弄得多么可怜——我为了这种事情一定要连哭几个钟头也止不住——我的亲爱的哥哥是太好了、太不疑心了,所以他一点儿也没有看出来;要是看出来的话,我断定那是会叫他心碎的。我但愿我能够相信那不过是她的态度问题——我希望那是如此——"(说到这里,这位慈爱的亲戚大大地叹了一口气,灰心地摇摇头。)

"我相信姑母是在讲我们了,"爱米丽·华德尔小姐对她的姊妹说——"我相信一定是的——她的样子显得那样恶毒。"

"是吗?"伊莎白拉回答——"哼!姑母,亲爱的!"

"嗳,我的好宝贝!"

"我真怕你要受凉呢,姑母——找条丝手绢扎住你的上了年纪的头吧——你真正要好好地保重呀——想想你的年纪呀!"

这一番报复的话,受的人也许是咎有应得,然而说的人也真算得是复仇心切了。姑母的愤怒会发泄成为何种形式的回答,那真是难于猜测的,要不是华德尔先生无意中岔开了话题:他大声地叫唤乔。

"该死的小子,"老绅士说,"他又睡着了。"

"非常出奇的孩子,"匹克威克先生说,"他总是像这样睡么?"

"睡!"老绅士说,"他总是睡着的。打发他做事是睡得人事不知,叫他侍候是打鼾。"

"多古怪!"匹克威克先生说。

"啊!真古怪哪,"老绅士回答,"有这个孩子,我很得意——无论怎么我也不肯辞退他——他是天然的奇物!喂,乔——乔——把这些收拾掉,另外开一瓶来——听到没有?"

胖孩子爬起来,睁了眼睛,把上次睡过去的时候正在咀嚼的一大块饼吞了,慢慢地执行了主人的命令——一面没精打采地垂涎剩菜,一面收拾掉盘子,放在篮子里。又拿来了一瓶酒,而且很快就空了:篮子重新被拴在老地方了——胖孩子重新爬上了驭者座——眼镜和袖珍镜重新被戴上了——军队的演习重新开始了。炮火大大地嘶嘶和呼呼地响了一番、太太小姐们大大地惊骇一番——随后爆炸了一个地雷,使人人都很满意——地雷一轰而散之后,军队和观众也仿效着一哄而散了。

"那么,记住,"老绅士说——他和匹克威克先生在演习节目结束的时候曾经断断续续谈了些话,现在谈到末了他们握手道别了——"明天我请你们各位都去。"

"一定的。"匹克威克先生回答。

"地点你记住了吗?"

"丁格来谷;马诺庄园。"匹克威克先生说,参考着笔记簿。

"对,"老绅士说。"我在一个星期之内是不让你们走的,记住;我担保你们会看到一切值得看的东西。假使你们来是为了过乡村生活的话,来找我,我会给你们许许多。乔——该死的孩子,他又睡着了——乔,帮汤姆套马呀。"

那些马被套上了——车夫爬上去了——胖孩子爬在他的旁边——互相说了再会——马车轧轧地开走了。匹克威克派们回头对马车投了

THE MILLENNIUM HAS COME
EXTREMES MEET HERE
A COMBINATION BETWEEN LIBERAL REPUBLICANS AND LIBERAL DEMOCRATS
N.Y. WORLD.
BREAD AND BUTTER
INVESTIGATE EVERYBODY AND EVERYTHING BUT US. (THE LIBERAL INFALLIBLES)
ANYTHING TO BEAT GRANT
MEET HERE.
MY STUDY TO PLEASE
AFTER THIS, PEACE

最后一瞥的时候，落日射出辉煌的光辉照在他们的款待者们的脸上，并且照着胖孩子的身体。他的头垂在胸口；又睡过去了。

（蒋天佐　译）

赏　析

《匹克威克外传》是狄更斯公开发表的第一部长篇小说。小说发表后立刻风靡全国，成为狄更斯迈向一个伟大作家行程中的第一个脚印。节选部分出自小说第四章，描写了匹克威克先生和朋友们观看军事演习的情形，集中展现了狄更斯前期小说的艺术特色。

狄更斯善于运用反讽的手法揭露文明社会表象背后隐瞒着的不文明本性。反讽是言非所指，表象与事实相反的一种表达方式，根据语言使用的具体语境，作者看似正面的评价背后实际蕴涵着完全相反的意思。选文的第一处反讽出现在匹克威克和朋友们亲临现场观看军事演习的时候。当史拿格拉斯先生刚看到整齐排列的军队时，一股诗意顿时油然而生，他毫不吝惜地倾泻赞美之辞："请看这些英勇的、保卫自己祖国的人们，在和平的市民面前摆出了堂堂的阵容：他们的脸辉耀着——不是杀气腾腾的凶猛，而是文明的温雅；他们的眼睛闪着光——不是劫掠或复仇的粗卤的火，而是人道和智慧的温柔的光。"可是，当队伍发布了"向前看"的命令后，场面却发生了戏剧性的变化，再也没有人能响应史拿格拉斯先生的字句了，狄更斯绘形绘色地描画军队刹那间的变化："那智慧的柔光却在战士们的眼睛里变微弱了；所有的观众都只看见面前成千对笔直地凝视着前方的眼睛，完全丧失了任何种类的表情。"接下来，随着刺刀队列的雄壮前进，几位朋友更是狼狈不堪地逃跑，和史拿格拉斯先生最初的赞美以及心中洋溢的神圣之情形成了鲜明对比。虽然此处描写军事演习场景主要是为刻画人物形象服务，但我们依然能够看出作者对人所公认的文明价值观进行了不动声色的谴责,所谓文明的行为与人们加诸其上的那些光芒闪耀的词汇——比如荣誉、人道、英勇等——并没有必然联系,身临其境的人会感受到它们机器般的冷酷和反人性,个体感受和文明价值观表象之间的对比表现出作者的批判精神。

在史拿格拉斯先生感想的前后变化中,在演习军队镇定雄壮的推进与匹克威克们狼狈逃跑所形成的对比中,匹克威克鲜明的个性也渐渐凸显出来。这是一个既可爱又可笑的人物形象。作为老派绅士,他有着高尚纯洁的道德理想,为人善良、乐观、热情、正直,坚持不懈地维护着自己的道德准则,从不轻易妥协。但是,他的不知变通和过分执著在现实生活里又常常显示出一种堂吉诃德式的天真和傻气,成为大家善意的笑料。

狄更斯栩栩如生地描写了匹克威克先生观看军事演习过程中的态度变化。军队开始开火时,匹克威克还表现出"一个伟人所不可缺少的"冷静,抓住同伴的胳膊,"热切地请求他们记住,除了有被声音震聋耳朵的可能之外,不用担心有什么即将临头的危险"。但射击结束、刺刀队列向他们行进过来时,匹克威克先生终于忍受不住了,作者写道:"人总不过是血肉之躯;也总有一个界限是人类的勇气所不能超越的。匹克威克先生通过眼镜向前进中的大批军队凝视了一会儿;然后老老实实地转过身来,于是就——我们不说是逃;因为,第一,那是一个卑劣的字眼,而第二呢,匹克威克先生的身材是一点儿也不适合于那种方式的撤退的——于是就尽他的腿子能搬动他的最高速率,用碎步跑开了;的确是跑得很快的,所以他竟没有充分地发觉他的处境的尴尬,等到发觉,已经太迟了。"这段描写实在让人忍俊不禁,匹克威克先生的勇气终于服从了人类正常的心理体验和身体反应。一方面作者描写动作时不放过任何一个小细节,极富漫画效果,一方面在这本来可笑的场景面前进行点评时硬要做出一副一本正经的严肃腔调来,让人更觉滑稽。这段描写也让我们看到了匹克威克先生之所以可爱可笑的原因,可爱是因他坚持某种原则而不轻易向现实妥协,这些原则又往往是一些高尚纯正的道德或者心性准则；但大多数人总是在与现实和世俗的部分妥协中寻求生存，所以匹克威克先生的执著和坚持就显得有些可笑，就像他的仆人山姆说他是个"穿着绑腿靴子的天使"一样，常会引来人们善意的笑声。

　　以第三者身份进行的现场评论，评论口吻的冷静客观与场景本身的滑稽有趣之间形成对比从而酿造出幽默效果，这种写作手法在他的创作中随处可见。如老匹克威克先生追帽子一段便是一例。"人的一生中是难得经验到像追逐自己的帽子的时候这样可笑的窘境的，也是难得像这样不容易博得慈善的怜恤的。大量的镇定和一种特别的判断力，是捉帽子的时候所必需的。你决不能跑得太快，不然的话就要踩了它；你也决不能走另一个极端，那是会根本找不到它的。最好的办法是文雅地紧跟着你所追的东西，小心而谨慎，看准机会，逐渐走到它的前面，于是很快地向下一扑，一把抓住帽顶，把它结结实实地揿在头上；并且始终高高兴兴地微笑着，似乎你像任何别人一样，觉得这是怪有趣的事情。"追帽子也是我们日常生活里常常可能遇到的情境，相信不少读者都有类似的经验，作者却将它专门拿出来，用煞有其事的口气进行一番富有理论色彩的分析总结。这段评论仿佛是神奇的点睛之笔，事情的微不足道和评论者的一本正经之间形成的对比造成了幽默效果，原本平凡的日常生活里的每一个细小动作被漫画式地放大，显示出不平凡的味道来，不禁让人莞尔。

　　除了从外部对人物动作进行传神刻画，狄更斯还善于通过捕捉细节展现人物的微妙心理，在看似不露声色的描写中传达出讽刺意味。如对华普尔先生家几位小姐的描写就颇有喜剧和讽刺效果。先是军事演习中小姐们的阵阵尖叫，"两位年轻的华德尔小姐是这样吃惊，以致特伦德尔先生竟不得不抱住其中的一位，同时史拿格拉斯先生也支持了另外一位；而华德尔先生的妹妹呢，她的神经受惊到了这样一种可怕的地步，使得特普曼先生发现：用他的手臂去围住她的腰使她能够站住，是万分必要的"。然后是姑母和两个侄女之间的互相诋毁，老处女姑母嫉妒两个年轻的侄女，却又不便直说,于是先问特普尔先生侄女们是否漂亮,当对方尚未回答时,她立刻似乎看透了对方心思般地,说一位小姐是个驼背,既而立刻嫁祸于人,责怪一直没来得及开口的特普尔先生太刻薄;由于这一评价未得到积极响应,老华德尔小姐立刻又接着添油加醋地描绘另一位小姐的脸皮是多么厚。刻薄的话语接二连三,狄更斯却一直用"温和的姑母"来称呼这位老小姐。华德尔小姐的矫揉造作和嫉妒心理跃然纸上。相信读者们在阅读到这一段描写时一定会发出会心的微笑,因为从华德尔小姐们的举止中大可以找到许多女性的影子,在异性面前故作柔弱状以获取他人的注意和爱怜,同性之间在容貌和年龄上永不消退的攀比和嫉妒心,若无其事的谈笑风生背后一并进行着的不遗余力的诋毁,善于为自己对他人的恶意评论找借口、找台阶的高明技巧,诋毁别人时摆出的无辜与无奈等,都是在世态人情中司空见惯的。这些甚至已经远远超过了女性的某些性格弱点,已经进入到人情、人性精准老练、入木三分的刻画了。

　　艺术创作的重要原则是真实。艺术家首先在生活真实的基础上进行创造,善于发现并捕捉住生活里具有普遍性的东西。狄更斯正是一个善于观察生活,对每一个真实的生活细节都抱有极大热情的人,所以他的作品虽然有漫画式效果,却无荒诞之感。艺术家利用各种富有表现力的方式将自己的生活经验创造性地呈现出来,创造出一种比原生态的生活更加生动、更加逼近本质的艺术形象,艺术家的独特风格也随之显现。狄更斯的风格就是幽默和讽刺。文学艺术中的讽刺既不是简单的嘲弄,也不是刻薄,它是作者将生活中的不合情理之处或者普遍存在的人性弱点放大给人看,让读者因为见其悖谬而发出会心的微笑;文学艺术中的幽默也不是卖弄聪明,它让读者用一种新鲜的眼光看待生活里许多司空见惯的东西,突然意识到平凡的生活原来处处充满趣味。幽默的艺术效果离不开作者的机敏和睿智,而支撑起讽刺与幽默的,必定是写作者对人情事态的深入体会,对生活和人性的纯正趣味,以及高超的文学形象塑造能力。在《匹克威克外传》里,狄更斯的这些艺术才能都得到了充分展现。

(王　茜)

雾都孤儿

作品提要

奥立弗·退斯特出生的当晚,母亲便去世了。他在教区孤儿院里生活了9年,然后被送到棺材店老板那里当学徒,继续在贫困、饥饿和侮辱中度日。因为不能忍受店员的侮辱,奥立弗愤然抗争后从棺材店逃走。逃到伦敦以后,他被一个偷窃团伙控制,但在一次集体行窃行动中被善良富有的布莱罗先生收留,可是很快又重新落入贼窝。在一次被迫行窃时,奥立弗中枪后被同伙丢弃,得到了被窃人家的女主人梅莱夫人和露丝小姐的好心收留。而把奥立弗骗回贼窝的女扒手南希一直关心着他的命运,并为自己的行为感到歉疚。奥立弗同父异母的兄弟和盗贼密谋要置他于死地,南希冒险向露丝小姐报告了这个阴谋,但自己也因此招致杀身之祸。在布莱罗先生、露丝小姐等人的共同努力下,陷害奥立弗的阴谋最终被戳破,奥立弗的身世也真相大白,他竟然和先后收留他的两家人有着千丝万缕的联系。最后,奥立弗与亲人团聚,坏人也得到应有的惩罚。

作品选录

诺亚以最快速度在大街上狂奔,一口气跑到济贫院门口。他在那儿歇了一两分钟,以便酝酿精彩的抽噎,堆上一脸令人难忘的眼泪与恐惧,然后砰砰砰地冲着小门敲起来。开门的是一个上了年纪的贫民,即便是在他自己的黄金时代里,看到的也只是一张张惆怅哀怨的面孔,可骤然见到这么一副苦脸,也惊得连连后退。

"唉,这孩子准出了什么事。"老人说道。

"邦布尔先生!邦布尔先生!"诺亚喊了起来,一副失魂落魄的样子,声音又响亮又激动,不光是一下就钻进了邦布尔本人的耳朵里——真巧,他就在附近——还吓得他连三角帽也没顾得上戴,便冲进了院子——这可是一种稀罕而又值得注意的情形,证明哪怕是一名教区干事,在某种突如其来的强力刺激下,也会有一时半会显得张皇失措,并且忘记个人的尊严。

"喔,先生,邦布尔先生。"诺亚说道,"奥立弗,先生——奥立弗他——"

"什么?什么?"邦布尔先生迫不及待地插了进来,他那金属一般的眼睛里闪过一道欢乐的光彩。"他该没有逃走吧?诺亚,他没溜掉吧,是不是?"

"不,先生,不,溜是没溜,但他发疯了。"诺亚答道,"先生,他想杀死我,接着又想杀夏洛蒂,再往下,就是老板娘了。喔!痛死我啦!这有多痛,您瞧瞧。"说到这里,诺亚把身子扭来绞去,做出各种各样的姿势,跟鳗鱼似的,好让邦布尔先生明白,奥立弗·退斯特的血腥暴行造成他严重的内伤,此刻正忍受着最最剧烈的疼痛。

诺亚眼看邦布尔先生完全被自己报导的消息吓呆了,便大叫他被打得遍体鳞伤,声音比刚才大了十倍,更增强了原有的效果。他又看见一位身穿白背心的绅士正从院子里走过,料定自己轻而易举就可以把这位绅士吸引过来,并激起他的义愤。他的哀歌唱得越发凄惨了。

这位绅士的注意力果真很快就被吸引住了,他刚走了三步,便怒气冲冲地转过身,问那个小杂种在嚎什么,邦布尔先生干吗不给他点颜色瞧瞧,那样一来倒是很可能使这一连串嚎哭弄假成真。

"先生,这是一个可怜巴巴的免费学校的学生,"邦布尔先生回答,"他差一点惨遭杀害——先生,只差一点点——就被小退斯特杀死了。"

"真有这事?"白背心绅士骤然停住脚步,大声说道,"我早就知道了。从一开始我就觉察到一种奇怪的预兆,那个厚颜无耻的小野人迟早会被绞死。"

"先生,他还想杀掉家里的女佣呢。"邦布尔先生面如死灰地说。

"再加上老板娘。"克雷波尔先生插了一句嘴。

"诺亚,你好像说还有老板,是吗?"邦布尔先生添上了一句。

"不,老板出门去了,要不然他没准已经把他给杀了,"诺亚回答,"他说过想这么干。"

"啊? 竟然说他想这么干,是不是,我的孩子?"白背心绅士问。

"是的,先生。"诺亚答道,"先生,老板娘想问一声,邦布尔先生能不能匀出时间马上去一趟,抽他一顿——因为老板不在家。"

"当然可以,我的孩子,当然可以,"白背心绅士亲切地微笑起来,在个子比自己还高出三英寸左右的诺亚头上拍了拍,"你是一个乖孩子——一个非常乖的孩子。这个便士是给你的。邦布尔,你这就带上你的藤杖到苏尔伯雷家去,你就看着办好了,邦布尔,别轻饶了他。"

"哦,我不会轻饶了他,您放心。"干事一边回答,一边整理着缠在藤杖末梢上的蜡带,这根藤杖是教区专门用来执行鞭刑的。

"也叫苏尔伯雷别放过他。不给他弄上点伤瘢和鞭痕制服不了他。"白背心绅士说。

"我记住了,先生。"干事答道。这工夫,邦布尔先生已经戴上了三角帽,藤杖也整理好了,这两样东西的主人感到很满意,这才与诺亚·克雷波尔一起,直奔苏尔伯雷的棺材铺而来。

在这一边,局势仍不见好转。苏尔伯雷现在还没回来,奥立弗一个劲地踢着地窖的门,锐气丝毫未减。既然苏尔伯雷太太和夏洛蒂把凶残的奥立弗说得那么可怕,邦布尔先生认为还是先谈判一番,再开门进去为妙。他在外边照着门踢了一脚,以此作为开场白,然后把嘴凑到锁眼上,用深沉而又颇有分量的声音叫了一声:

"奥立弗!"

"开门,让我出去!"奥立弗在里边回答。

"奥立弗,你听出声音来没有?"邦布尔先生说。

"听出来了。"

"先生,你就不怕吗? 我讲话的时候,难道你连哆嗦都没打一个,先生?"邦布尔先生问。

"不怕!"奥立弗毅然答道。

答话与邦布尔先生所预期的以及他素来得到的相差太大了,他吓了一大跳。他从锁眼跟前退回去,挺了挺身子,惊愕地依次看了看站在旁边的三个人,没有吱声。

"噢,邦布尔先生,您知道,他准是发疯了,"苏尔伯雷太太说道,"没有哪个孩子敢这样跟您说话,连一半也不敢。"

"夫人,这不是发疯,"邦布尔沉思了半晌,答道,"是肉。"

"什么?"苏尔伯雷太太大叫一声。

"是肉,夫人,是肉的问题,"邦布尔一本正经地回答,"夫人,你们把他喂得太饱啦,在他身上培养了一种虚假的血气和灵魂,夫人,这和他的身份极不相称。理事们,苏尔伯雷太太,都是些注重实际的哲学家,他们会告诉你的。贫民们要血气或者是灵魂来干什么? 让他们的肉体活着已经绰绰有余了。要是你们让他尽吃麦片粥的话，这种事情绝不会发生。"

"天啦，天啦！"苏尔伯雷太太失声叫了起来，一双眼睛虔诚地仰望着厨房的天花板。"好心好意反得了这么个结果。"

苏尔伯雷太太对奥立弗的好心就是把各种龌龊不堪的、别人都不吃的残羹剩饭慷慨地施舍给他。面对邦布尔先生的严词责难，她都抱着温柔敦厚、自我奉献的态度。其实平心而论，苏尔伯雷太太无论在想法上、说法上还是在做法上都是无可非议的。

"啊！"邦布尔先生待那位女士的目光重又落到地面上才说道，"依我所见，目前唯一办得到的事就是让他在地窖里关一两天，等他饿得有几分支不住了再放他出来，从今儿个起，直到他满师都只给他吃麦片粥。这孩子出身下贱，天生一副猴急相，苏尔伯雷太太。照看过他的护士、大夫告诉我，他母亲吃尽了苦头，费了好大力气，才跑到这儿来，换上随便哪一个正派女人，早就没命了。"

邦布尔的议论进行到这儿，奥立弗听出，接下来的嘲讽又会冲着他母亲去了，便又开始狠命地踢门，把别的声音全压住了。就在这个节骨眼上，苏尔伯雷回来了。两位女士将奥立弗的罪行逐一道来，她俩专挑最能激起他上火的言词，大肆添油加醋。老板听罢立刻打开地窖，拎住奥立弗的衣领，一眨眼就把造反的学徒拖了出来。

奥立弗的衣衫在先前挨打的时候就被撕破了，脸上青一块，紫一块，抓伤了好些地方，头发乱蓬蓬地搭在前额上。然而，满面通红的怒容仍没有消失，他一被拉出关押的地方便瞪大眼睛，无所畏惧地盯着诺亚，看上去丝毫没有泄气。

"瞧你个兔崽子，你干的好事，是不是？"苏尔伯雷揍了他一下，劈头就是一记耳光。

"他骂我妈妈。"奥立弗回答。

"好啊,骂了又怎么样,你这个忘恩负义的小浑蛋?"苏尔伯雷太太说道,"那是你妈活该,我还嫌没骂够哩。"

"她不是那样的。"奥立弗说道。

"她是。"苏尔伯雷太太宣称。

"你撒谎!"奥立弗说。

苏尔伯雷太太放声大哭,眼泪滂沱而下。

面对太太洪流一般的泪水,苏尔伯雷先生不得不摊牌了。每一位有经验的读者保准都会认定,倘若他在从严惩罚奥立弗方面稍有迟疑,按照夫妻争端的先例,他就只能算是一头畜生,一个不通人情的丈夫,一个粗人;就男子汉的标准而言,只能算一件拙劣的赝品。各色各样合适的名目太多了,本章篇幅有限,无法一一细说。讲句公道话,他在自己的权力范围内——这个范围并不太大——对这孩子还算厚道,这也是由于利益所在,也可能是由于老婆不喜欢奥立弗。不管怎么说吧,这洪水般的眼泪使他无计可施,他当即拳脚齐下,把奥立弗痛打了一顿,连苏尔伯雷太太本人都觉得心满意足,邦布尔先生也完全用不着动用教区的藤杖了。当天余下的时间里,奥立弗被关进了厨房里间,只有一只唧筒和一片面包与他作伴。夜里,苏尔伯雷太太先在门外东拉西扯地说了半天,那番恭维话决不是为了纪念奥立弗的母亲,诺亚和夏洛蒂一左一右,在一旁冷言冷语,指指点点,接着苏尔伯雷太太往屋子里探头看了一眼,命令奥立弗回到楼上那张阴惨可怕的床铺里去。

黑洞洞的棺材店堂一片凄凉死寂,奥立弗独自待在这里,直到此刻,他才将这一天的遭遇在一个孩子心中可能激起的感情宣泄出来。他曾面带蔑视的表情听凭人们嘲弄,一声不吭地忍受鞭笞毒打,因为他感觉得到,自己内心有一种正在增长的尊严,有了这种尊严,他才坚持

到了最后，哪怕被他们活活架在火上烤，也不会叫一声。然而此时，四下里没有一个人看到或者听到，奥立弗跪倒在地，双手捂着脸，哭了起来——哭是上帝赋予我们的天性——但又有多少人会这般小小年纪就在上帝面前倾洒泪水！

奥立弗纹丝不动，跪了很久很久。当他站起来的时候，蜡烛已经快要燃到下边的灯台了。他小心翼翼地看了看四周，又凝神听了一下，然后轻手轻脚地把门锁、门闩打开，向外边望去。

这是一个寒冷阴沉的夜晚。在孩子眼里，连星星也似乎比过去看到的还要遥远。没有一丝儿风，昏暗的树影无声地投射在地面上，显得那样阴森死寂。他轻轻地又把门关上，借着即将熄灭的烛光，用一张手帕将自己仅有的几件衣裳捆好，随后就在一条板凳上坐下来，等着天亮。

第一束曙光顽强地穿过窗板缝隙射了进来，奥立弗站起来，打开门，胆怯地回头看了一眼——迟疑了一下——他已经将身后的铺门关上了，走到大街上。

他向左右看了看，拿不准该往哪儿逃。他想起往常出门曾看到运货的马车吃力地往那边小山开去，就选了这一条路。他踏上一条横穿原野的小路，知道再往前走就是公路了，便顺着小路快步走去。

奥立弗走在这条小路上，脑海里清清楚楚地浮现出邦布尔先生头一次把他从寄养所领出来的情景，那时自己贴在邦布尔的身边，连走带跑地往济贫院赶。这条路一直通向寄养所那幢房子。想到这一层，他的心剧烈地跳起来，差一点想折回去。然而他已经走了很长一段路，这样做会耽误不少时间。再说，天又那样早，不用担心被人看见，因此他继续朝前走去。

奥立弗到了寄养所。大清早的，看不出里边有人走动的迹象。奥立弗停下来,偷偷地往院子里望去,只见一个孩子正在给一处小苗圃拔草。奥立弗停下来的时候,那孩子抬起了苍白的面孔,奥立弗一眼就把自己先前的伙伴认出来了。能在走以前看到他,奥立弗感到很高兴,那孩子虽说比自己小一些,却是他的小朋友,常在一块儿玩。他们曾无数次一起挨打,一起受饿,一起被关禁闭。

"嘘,狄克。"奥立弗说道。狄克跑到门边,从栏杆里伸出一只纤细的胳膊,跟奥立弗打了个招呼。"有人起来了吗?"

"就我一个。"狄克答道。

"狄克,你可不能说你见过我,"奥立弗说,"我是跑出来的。狄克,他们打我,欺负我。我要到很远很远的地方去碰碰运气,还不知道是哪儿呢。你脸色太苍白了。"

"我听医生对他们说,我快死了,"狄克带着一丝淡淡的笑容回答,"真高兴能看到你,亲爱的,可是别停下来,别停下来。"

"是的,是的,我这就和你说再会。狄克,我还要来看你,一定会的。你会变得非常快乐的。"

"我也这么盼着呢,"那孩子答道,"是在我死了以后,不是在那以前。我知道大夫是对的,奥立弗,因为我梦见过好多回天堂和天使了,还梦见一些和气的面孔,都是我醒着的时候从来没有看见过的。亲我一下吧,"他爬上矮门,伸出小胳膊搂住奥立弗的脖子,"再见了,亲爱的。上帝保佑你。"

这番祝福发自一个稚气未尽的孩子之口,但这是奥立弗生平第一次听到别人为他祈祷,他往后还将历尽磨劫熬煎,饱尝酸甜苦辣,但他没有一时一刻遗忘过这些话语。

(何文安　译)

| 赏 析 |

　　狄更斯的伟大,在于他勇敢地直面人生,用天才的笔触绘声绘色地勾勒出一幅 19 世纪英国社会的生活画卷。这幅画卷以真实见长,读者无一不为书中所写穷苦人的悲惨生活而落泪,为潜藏在道德、教养、身份、金钱这类锦袍的褶皱和阴影之中的罪恶、虚伪和冷酷而震惊。狄更斯用这种方式抗议社会不公,试图唤起社会舆论,推行改革,使处于水深火热中的贫民得到救助。因此,他被研究者定义为"英国文学史上批判现实主义的创始人和最伟大的代表"。狄更斯的批判现实主义有着自己的独特风格,他既不以客观冷静的旁观者,也不以正义凛然的控诉者的姿态出现,而是在描绘现实时显示出非凡的想象力和幽默感。那些隐藏在人心中的卑鄙、恶毒想法,哪怕是在转瞬之间流露,也统统逃不过他的眼睛,被他敏锐地捕捉到以后又巧妙地放大,以无情的讽刺显示他特有的现实批判力度。在他小说的字里行间还流露着一种真挚深厚的人道主义精神,富有诗的激情,这些特点都使他的"现实主义"与众不同,显现出更丰富的艺术魅力。

　　节选部分的第一个场景描绘的是店员诺亚、邦布尔先生、苏尔伯雷先生及其太太对奥立弗的所作所为。围绕着他们对奥立弗的暴虐,各色人等登上舞台尽情表演,虚伪的、残暴的、冷酷的……其真实面目一览无余地展示出来,成为黑暗社会现实方方面面的一个投影。

　　店员诺亚是善于伪装的,进门之前,他先站在门口"歇了一两分钟,以便酝酿精彩的抽噎,堆上一脸令人难忘的眼泪与恐惧,然后砰砰砰地冲着小门敲起来"。当他看见邦布尔先生,要展示自己被奥立弗打伤时,就"把身子扭来绞去,做出各种各样的姿势,跟鳗鱼似的,好让邦布尔先生明白,奥立弗·退斯特的血腥暴行造成他严重的内伤,此刻正忍受着最最剧烈的疼痛"。

邦布尔先生听说奥立弗闹出了乱子,"他那金属一般的眼睛里闪过一道欢乐的光彩"。但是,幸灾乐祸地得到一个行使职权机会的邦布尔先生又异常谨慎,很懂得自我保护。"既然苏尔伯雷太太和夏洛蒂把凶残的奥立弗说得那么可怕,邦布尔先生认为还是先谈判一番,再开门进去为妙。他在外边照着门踢了一脚,以此作为开场白,然后把嘴凑到锁眼上,用深沉而又颇有分量的声音叫了一声:'奥立弗!'"邦布尔对苏尔伯雷太太的那番说教堪称经典,面对着小奥立弗的抗争,这位教区干事竟然煞有介事地进行了一番道貌岸然的哲学思考,他"一本正经地回答,'夫人,你们把他喂得太饱啦,在他身上培养了一种虚假的血气和灵魂,夫人,这和他的身份极不相称。……贫民们要血气或者是灵魂来干什么?让他们的肉体活着已经绰绰有余了。要是你们让他尽吃麦片粥的话,这种事情绝不会发生'"。哲学思辨的道貌岸然与话语的悖谬、人性的残缺形成了尖锐对比,一个虚伪、冷酷,又胆怯、愚蠢、谨小慎微的小官吏形象活脱脱地跃然纸上,"邦布尔"这个名字在英语中已经成了骄横小官吏的代名词。

苏尔伯雷太太一面对奥立弗凶恶至极,另一方面却随时做出一副满心无奈和委屈的好人模样来。当她听到邦布尔先生的那番高论时,立刻哀叹好人没有好报。但紧接着作者就安排了一段不动声色的补充说明:"苏尔伯雷太太对奥立弗的好心就是把各种龌龊不堪的、别人都不吃的残羹剩饭慷慨地施舍给他。面对邦布尔先生的严词责难,她都抱着温柔敦厚、自我奉献的态度。其实平心而论,苏尔伯雷太太无论在想法上、说法上还是在做法上都是无可非议的。"丈夫回来以后,苏尔伯雷太太立刻又换成一副备受委屈的腔调放声大哭。而对于苏尔伯雷先生对小奥立弗的痛打,作者似乎还嫌苏尔伯雷做得不够充分似的,"好心"地替他辩解:"每一位有经验的读者保准都会认定,倘若他在从严惩罚奥立弗方面稍有迟疑,按照夫妻争端的先例,他就只能算是一头畜生,一个不通人情的丈夫,一个粗人;就男子汉的标准而言,只能算一件拙劣的赝品。各色各样合适的名目太多了,本章篇幅有限,无法一一细说。讲句公道话,他在自己的权力范围内——这个范围并不太大——对这孩子还算厚道。"丈夫替妻子出头,在这个文明国度里是个多么颠扑不破的真理,甚至苏尔伯雷先生的举止在激烈程度上稍微达不到这规则的要求,都能被看做一头畜生。但在这评论背后的潜台词里,读者不得不这样想,有什么文明规则考虑过一群成年人加在一个无辜孩子身上的不公和残暴行径吗?考虑过如何鉴别谎言吗?考虑过人是否应该听从良心行事的问题吗?虽然狄更斯从不在作品里进行这样严肃的讨论,但他的文字却必然会唤起读者对社会不公的深入思考。

狄更斯的文学才华远远地超出评论家给他贴上的"批判现实主义作家"的标签,他的幽默、机敏和讽刺才能在整部小说中无所不在,虽然所选题材的灰暗色彩可能会被作品中的喜剧情景淡化,但在读者心头依旧印下了挥之不去的沉重感觉;他笔下的人物心理描写并不复杂,但是却能将人物的主要性格刻画得淋漓尽致,如在目前,给读者留下泯灭不掉的印象。他尽情挥洒着想象力,文字间流露着一种由同情心、人道主义精神而迸发出的火热情感,这种情感既化成对丑恶与残暴的幽默和讽刺,也化成对弱小人物不幸遭遇的同情,化成流露在字里行间的那份令人心酸的悲悯之情。

奥立弗与狄克告别的场景充满了感伤,让我们感受到作者的同情心和对人生的悲悯情怀。被痛打一顿后,奥立弗独自待在黑洞洞的棺材店堂里,"将这一天的遭遇在一个孩子心中可能激起的感情宣泄出来。他曾面带蔑视的表情听凭人们嘲弄,一声不吭地忍受鞭笞毒打,因为他感觉得到,自己内心有一种正在增长的尊严,有了这种尊严,他才坚持到了最后,哪怕被他们活活架在火上烤,也不会叫一声。然而此时,四下里没有一个人看到或者听到,奥立弗跪倒在地,双手捂着脸,哭了起来——哭是上帝赋予我们的天性——但又有多少人会这般小小年纪就在上帝面前倾洒泪水!"在围绕着奥立弗的一干人马闹剧般的表演之后,作品一下子转入了寂静而忧伤的氛围,黑暗包围了一切。作者不只是简单地同情奥立弗,还通过奥立弗的泪水将我们也一起带到上帝的前面,最后这个带有反问色彩的感叹句让他的文字突然显出一种悲天悯人的味道来。奥立弗和狄克告别时,狄克说的话让人心碎;奥立弗独自转身踏上行程时,狄更斯的评论——"这番祝福发自一个稚气未尽的孩子之口,但这是奥立弗生平第一次听到别人为他祈祷,他往后还将历尽磨劫熬煎,饱尝酸甜苦辣,但他没有一时一刻遗忘过这些话语"——也让人备感忧伤,仿佛有一双眼睛在奥立弗背后,深情而怜悯地注视着这个小小的背影踏上一段前途未卜的征程。

狄更斯去世后被安葬在西敏寺的诗人角,他的墓碑上如此写道:"他是贫穷、受苦与被压迫人民的同情者;他的去世令世界失去了一位伟大的英国作家。"对于现实社会中命运悲苦的群体,狄更斯奉献的不是廉价的同情心,更是一种坚定崇高的道德理想,是一种对人的尊严和善良之心的认同感与信任,正是这些情愫使他的文字在同情之外还蕴藏着一种深沉伟大。它是奥立弗心头那份渐渐增长的尊严,是狄克对爱与美好的最后渴望,是奥立弗心中激起的生命涟漪,以及将要伴随他一生的朋友的友善之情。它们是悲苦的人生里无法掩盖的亮色,是真正能够支撑生命坚持下去的力量。

(王 茜)

老古玩店

| 作品提要 |

老人吐伦特和外孙女耐丽相依为命,靠一家老古玩店维持生计。老人

为了让外孙女过上更加幸福的生活,希望通过赌博的方式致富,结果却落入高利贷暴发户奎尔普的魔爪。奎尔普利用高利贷夺走了老古玩店的全部财产,还和同伙打起了耐丽的主意,祖孙俩只好逃离伦敦。一路上,他们曾经与流浪艺人为伍,也曾经与从事蜡像巡回展览的太太同行;有人帮助他们,也有人想把他们抓住请赏;他们路过安宁质朴的乡村,也经过畸形可怕的工业城市。他们颠沛流离,过着乞丐般的生活,老人的赌博积习又重新发作,善良坚强的耐丽则一直担当着外祖父的精神支柱和引领者。终于,在一名好心的乡村教师的帮助下,他们在一个小村的教堂里安顿下来,老人富有的弟弟也历尽艰辛找到了他们。就在亲人即将相逢的时候,耐丽却由于长途跋涉身心俱损而永远离开了人世。

| 作品选录 |

在同奎尔普太太的密谈中,女孩子只不过把她思想里的悲哀和苦闷,以及笼罩她家庭的愁云惨雾和炉边床头的暗影轻描淡写地叙述了一下。而且,对一位不是十分熟悉她生活的人,很不容易把她的黯淡和孤单的况味适当地表达出来,她唯恐伤害了她深深依恋着的外祖父,因此便是在她心潮汹涌的当儿,也不肯暗示出使她焦虑和苦恼的主要原因。

因为,并不是没有变化和没有愉快友伴的单调日子,或者是那些黑暗凄凉的黄昏,漫长寂寞的夜晚,或者是缺乏弱小心灵所盼望着的种种轻松的玩乐,或者是除了软弱和容易受折磨的精神便一无所知的童年:绞出了耐儿的眼泪。看着老人压在一种沉重的隐忧底下,看着他那踟蹰不安常常被一种可怕的恐惧所激动的情形,从他的言语神态证明他接近了疯狂的前哨——她一天一天地注意、等待和静听这些事情的揭晓,感到并且知道,不管结果怎样,他们在这个世界上是孤独的,没有人会来帮助、给予劝导或者照顾——这些全是造成失望和焦虑的原因,便是一个年龄较大能够多方面寻找安慰和开心的成年人,也很难忍受得了;如今它们压在一个年轻的小孩子头上,如何会使她不感到沉重,何况在她的环境里,这种思想又活动个不停!

但是,在老人的眼里,耐儿仍然和先前一样。当他从那日夜纠缠着他的幻想里摆脱出来的时候,在那一刹那里,他的小女伴仍然是同样的笑脸,同样诚恳的说话,同样高兴的笑声,同样的爱和关切,这些都已深深地渗入他灵魂,好像一辈子也不会改变似的。于是他继续过下去,阅读反映她心情的书本,只管满意于翻在他面前的一页,从未梦想到故事是隐藏在其他篇幅里,而就自言自语地认定至少孩子是幸福的。

她一度是幸福的。她曾经歌唱着穿过朦胧的房间,踏着愉快轻巧的步子在积满灰尘的宝物中走动,她那旺盛的青春使它们越发显得古旧,她那愉快而高兴的神情使它们越发显得又严肃又冷酷。但是现在房间里变得又冷寂又阴沉了;当她离开小卧室到外面消磨愁闷的当儿,她常是和其中的无生命的住客一样,静静地、一动也不动地坐在那里,连引起吓吓回声(回声由于长时的沉寂变得粗哑了)的兴致都没有了。

在其中的一间屋子里,有一个开向大街的窗户,女孩子就坐在那里,捱过了许多许多漫长的黄昏,也常常坐到深夜,一个人沉思默想。谁也比不上守候和有所等待的人心焦;在这些时候,悲伤的幻想便纷纷涌上她的心头。

她常在傍晚站在那里,注视着大街上来来去去、或者出现在对门房屋窗口的人,心中暗暗怀疑,那些房间是否也像她所待的地方那样寂寞,她只看到他们向窗外探探头,又把头缩回去,那些人是否看到她坐在那里而感到有人做伴。其中一家的屋顶上矗立着一个弯曲的烟囱,

由于看得熟了，她好像瞥见烟囱柱上长出一个丑恶面孔来，在向她皱眉，并且试着窥探她的房间；当天色转暗把这些形象模糊了的时候，她便感到轻快，虽然当她看到有人把路灯燃起便又开始难过，因为这说明天晚了，房子里面也阴暗了。这时她便缩回头来，环顾四周，看到每一种东西都还在本来的位置上，没有移动过；她重新望望大街，有时竟会看到一个人背着棺材，后面有两三个人沉默地跟着他走进一座停有死尸的房子里去——这种光景使她颤抖，也使她想起许多事来，直到最后使她记起老人改变了的面容和神情，因此引来了一大串新的恐惧和揣想。如果他快死了——如果他害了暴病，永远不能活着回家——如果有一天晚上，他的确回家来了，同平常一样吻她、祝福她，等她上床熟睡，或者做着愉快的梦，梦中还泛起了笑容，而他竟会自杀了，他的血慢慢地流，直流到她的卧室门口！这些思想太可怕了，简直使她不敢仔细琢磨，于是她又向大街寻求救兵，这时行人更少了，比先前也更黑暗更沉寂了。商店很快就要打烊，灯光开始在上层的窗口亮起，因为邻居都已睡眠了。渐渐地灯光也越来越少了，不见了，或者这里那里都在换上微弱的灯芯烛，让它通夜不灭。幸而在一个不太远的地方，还有一家收市较迟的商店，红色的火光射到行人道上，看起来明亮而有友情。但是，不久这一家也关了门，灯光熄灭，一切都幽暗了，沉静了，这时只有行人道上偶然响起漂泊者的脚步声，或者是一位违背常规回来迟了的邻居，强有力地拼命敲门，想唤醒正在睡乡中的家人。

当黑夜消磨到更深人静时（她很少不留到这个时候），女孩子便把窗户关上，轻轻地摸着下楼，一面走一面想，如果楼下那些常常混在她梦里的可怕面孔有一个真的自己发出奇异的光芒，露出本来面目，挡住她的去路，她会被吓成什么样子。但是看到明亮的灯光和她自己卧室的熟悉的面貌，这些恐惧便消失了。在她热诚地含着眼泪为老人祈祷、心情恢复了平静、已往的幸福重新涌到记忆中时,她便把头放在枕上,呜咽地睡着了;不过在黎明到来之前,还是注意倾听着门铃,总是好像有人召唤似的,使她屡次从梦中惊醒。

一天夜里,就是耐丽和奎尔普太太会面后第三天,老人害了一天病,说是不出门了。听到这个消息女孩子的眼睛发光了,但是当她看到了他那憔悴的病容时,她的高兴又消沉下去了。

"两天了,"他说,"两个整天过去了,还没有回信。他怎么对你讲的,耐儿?"

"就是我告诉你的那些话呀,亲爱的外公,一点也不错的。"

"真的,"老人有气无力地说。"是的。但是再对我讲一遍,耐儿。我的记性太坏了。他怎么对你说来? 除了说明天或者再过一天看我,就没有说别的话吗? 这是在他信上写明了的。"

"没有说别的话,"女孩子说了。"要不要明天我再去一趟,亲爱的外公? 很早就去。早饭以前我可以赶回家来。"

老人摇摇头,悲伤地叹气,把她拉到跟前。

"没用,我的宝贝,绝对没有用的。但是,耐儿,如果他这会儿不管我了——如果他现在就不管我了(我现在应该靠他的帮助,补偿我所损失的时间和金钱以及我心上所受的痛苦,而正因为这一切才使我变成了现在这个样子),我就要毁了——而且——不止这样——还要把你毁了,我是为你冒险的。如果我们成了乞丐——!"

"这有什么要紧?"女孩子勇敢地说道。"让我们做乞丐好了,只要让我们幸福。"

"乞丐——还要幸福!"老人说道。"可怜的孩子!"

"亲爱的外公,"小姑娘叫道,她那涨红的面孔,颤抖的声音,激动的姿态,都显现出她用了很大的气力。"我想在这种地方我已经不是孩子了；但是即便我是孩子，唔，我倒愿意我们出外乞讨，到公路上或者田野里工作，赚很少的钱维持生活，也不愿意过我们现在的日子。"

"耐丽！"老人说了。

"是的，是的，也不愿意过我们现在的日子，"女孩子重复了一句，比先前更诚恳了。"如果你有发愁的事，让我知道是为了什么，同你一道发愁；如果你一天比一天消瘦、苍白、虚弱下去，让我做你的保姆试着来安慰你。如果你穷了，让我们一起穷；但是让我跟着你，一定让我跟着你。不要让我看到这样的变化而不让我明白到底是为了什么，否则我会伤心死的。亲爱的外公，让我们明天就离开这个不幸的地方，挨门挨户乞讨着走路。"

老人用双手把脸蒙住，藏在他卧床的枕头底下。

"让我们做乞丐去，"女孩子说道，一只手搂住他的脖子。"我不害怕我们不够用；我断定会够用的。让我们穿过乡村，睡在田野的大树底下，不再想到钱，也不再想到使你难过的任何事物，而是到了晚上就好好地睡，白天让太阳照着、风吹着我们的面孔，一起感谢上帝！让我们永远不再踏进黑暗的房间或者阴沉的住宅，只是随心所欲地要到哪儿就到哪儿；在你疲倦了以后，你就在我们能够找到的最愉快的地方休息，由我自己出去为我们两个人乞讨。"

女孩子伏在老人的脖子上失声地哭了；实际哭的不只她一个。

这种话不是让旁人的耳朵听的，这情景也不是让旁人的眼睛看的。但是那里竟有旁人的耳朵和眼睛贪婪地注意着这一幕的进行；耳朵和眼睛不是属于别人，而是属于丹尼尔·奎尔普先生，在女孩第一次坐在老人身边时他就偷偷摸摸地进来了，不去打断——无可怀疑，是为了慎重才这样做的——他们的谈话，站在一旁，苦笑着冷眼旁观。不过，他已经走得够乏了，对于一个绅士说来，站立是一种不大舒服的姿态，同时矮子又是一位到处随便惯了的人,因此不久他就看中了一张椅子,异常敏捷地跳了上去,身子靠紧后背,两脚踏住垫子,这样使他看起来和听起来都不会感到吃力,而且还可以满足他那种在任何场合都要卖弄一下的趣味,表演一些怪模怪样和猴子般的把戏。于是他坐在上面,一条腿跷到另外一条腿上,手掌托着下巴,头略向一边歪着,丑恶的容貌全部表现在那副得意忘形的嘴脸上面。过了一会儿,老人偶然向那边望望,无意地发现了他,这一惊可非同小可。

一看到这个令人愉快的人物,女孩子发出一种抑制的尖呼。在最初的惊愕中,她同老人不知道说什么才好,有点怀疑那是不是真人,不敢正眼去瞧。丹尼尔·奎尔普并不因为这样的接待而感到张皇失措,仍然保持着原来的姿态,只是十分谦逊地点了两三次头。最后老人喊出了他的名字,问他是怎么来到这里的。

"从门里进来,"奎尔普说,伸着大拇指从肩上向背后指,"我还没有小到能从钥匙洞里穿过来。我倒愿意那样。我特别同你有话谈,私下谈谈——不要有人在场,邻居。再会,小耐丽。"

耐儿看着老人,他点头示意让她退走,并且吻了吻她的腮帮。

"啊!"矮子说道,嘴唇咂咂作响,"多美的一吻呀——正吻在玫瑰色的部分!多了不起的一吻呀!"

听了这种言语,耐儿更不敢多停留一会儿了。奎尔普斜着眼睛盯着她出去,在她把门关上之后,他便开始对着老人恭维起她的娇媚来了。

"这样一朵鲜妍娇嫩含苞待放的小花,邻居,"奎尔普说,抱起他的短腿,眼睛闪动个不停,"这样一个肥肥的、玫瑰色的、叫人舒服的小耐儿!"

老人勉强笑了一下作为回答,很显然地他在和一种极为尖锐和极端难以忍耐的感情斗争。奎尔普是看得清楚的,但是他以磨难他为乐,不只他,只要有机会,对任何人都是如此。

"她是那么——"奎尔普说道,说得很慢,装作对这个问题很专心,"那么小巧,玲珑,体态端庄,好看,秀丽,又有那种颜色分明的蓝筋,透明的皮肤,小脚,迷人的风情——但是保佑你,你怎么神经紧张起来啦!怎么,邻居,这是怎么回事?我向你发誓,"矮子继续说,在椅子上从蹲的姿势改成了坐的姿势,动作进行得很慢,绝不像刚才那样不让一个人听见一腾而上的敏捷——"我向你发誓,我没想到老年人的血流得还是那么快,还是保持得那么热。我倒以为它流得迟缓了,也变得冷了,很冷了。我敢说应该如此。邻居,你的血一定失常了。"

"我相信是那么回事,"老人呻吟道,双手把头抱住,"这里在发烧,我常有一种感觉,但不敢给它定个名堂。"

矮子不再说话,只是注视着他的同伴在屋里不安定地踱来踱去,并且又立刻回到他的座上。他停在那里,头在怀里扎了一会儿,突然又抬了起来,说道——

"一次,就是这一次,你把钱带来了吗?"

"没有!"奎尔普答道。

"那么,"老人说,拼命地握紧拳头,向上望着,"我同孩子都完结了!"

"邻居,"奎尔普说道,严厉地望了他一眼,为了吸引他那不集中的注意力,还拍了两三次桌子,"让我同你弄明白,更公道地赌一次,不能让你把牌统统拿起,只让我看到牌背面呀。现在你对我没有秘密了。"

老人抬头看看,颤抖着。

"你惊愕了,"奎尔普说,"那么,也许是当然的。你现在对我没有秘密了,我说——不,一件也没有了。因为现在我知道你从我手里拿到的那些钱,那些借款、垫款、零星的供应,全送到——让我说出那个字来好吗?"

"嗳!"老人答道,"说出来吧,如果你愿意的话。"

"送到你每晚必到的赌台上去了,"奎尔普再言道,"这便是你想要致富的锦囊妙计,对吗? 这便是要我不断投资(如果我是你所认为的傻瓜)的秘密富源? 这便是你的一座用之不竭的金矿,你的黄金国吗,咦?"

"对的,"老人叫了出来,目光奕奕地看着他,"过去是。现在是。将来还是,直到我死为止!"

"我不该瞎了眼睛,"奎尔普说,轻蔑地看着他,"上了一个目光浅薄的赌棍的当!"

"我不是赌棍,"老人凶猛地叫道,"我请上天作证,我从来不是想赢金矿,也不是爱赌;每一次下注我总是低声叫着孤儿的名字,请求上天保佑这个冒险——它却从来不曾保佑过。它让谁发财? 同我赌钱的又是哪些人? 他们全是靠着抢劫、作恶和暴乱过日子;把金钱浪费在做坏事和散布罪恶上头。我要赢这些人的钱;我要把全部赢来的钱用在一个年轻无罪的孩子身上,赢来的钱可以使她的生活甜美幸福。他们赢了钱做什么用呢? 还不是作为他们腐化、倒霉和痛苦的手段。谁不应该为着这一个理由而存着希望? 告诉我这一点! 谁能不同我一样存着希望?"

"你什么时候第一次开始这个疯子的行为?"奎尔普问道,老人的悲伤和狂乱使他那种嘲弄的意图暂时收敛起来。

"我什么时候第一次开始?"他答道,一只手掠过眉毛,"我在什么时候第一次开始? 什么时候,就是我开始想到我的积蓄多么少,多么长的时间才存了那点钱,而我的年纪大了,没有多少时候好活了,我怎能把她留在残酷无情的世界上,不能使她避免随穷困一齐到来的苦恼? 于是我便开始想到这种事情上去。"

"是不是在你第一次来看我,想把你那宝贝的外孙送往海外之后?"奎尔普说了。

"在那时以后没多久,"老人答道,"我想了很长的时间,好几个月做梦都梦见。于是我开始了。我不能在这里面发现乐趣——我也不期待什么乐趣。除了令人焦急的白天和没有睡眠的晚上,除了健康的损失和心情的不得安宁,还增加了虚弱和苦恼,它还给我带来了什么呢?"

"最初是你先把自己的积蓄损失完了,然后才找到我。我还以为你真的在设法致富(像你告诉我的),谁知道你却在走着做乞丐的路子,咦? 哎呀呀! 很显然地,你所有的都抵押给我了,我还拿着财产的卖据,"奎尔普说着立起来四下里望望,好像要确定一下并没有少了一件东西似的,"难道你就从来没有赢过吗?"

"从来没有!"老人呻吟道,"从来没有把我的损失赢回来!"

"我想,"矮子冷笑着说,"如果一个人赌久了,最后他总会赢的,顶坏也不会亏本的。"

"是这样,"老人叫道,突然从绝望中觉醒,进入了激动的狂潮,"是这样。我最初就想到那个,我早就知道,也看到过,我从来没有过像现在这样坚决的感觉。奎尔普,我一连做了三夜的梦,总是梦到赢了同样的大数目。虽然我也常常试着做梦,我却没有做过这样的好梦。不要不管我呀,现在我有了这一次机会了。除了你我没有旁的办法;给我一些帮助,让我试一试这个最后的希望吧。"

矮子耸耸肩膀,摇摇头。

"你看,奎尔普,好心肠而慈悲的奎尔普呀,"老人说,颤抖的手从口袋里掏出一些纸片,紧握着矮子的胳臂——"只请你看看这个。看看这些数字，全是计算了很久的结果，也是辛辛苦苦得来的经验呀。我一定要赢。我只是再求你的一次小帮忙，几镑就够了，四十镑尽够了，亲爱的奎尔普。"

"最后一次是七十镑，"矮子说道，"一夜就输光了。"

"是的，"老人答道，"但是那是运气最坏的一次，那时候时机并未到来。奎尔普，考虑一下，"老人叫道，颤抖得很厉害，手里的纸片好像迎风抖擞似的，"考虑一下那个孤儿！如果单是我一个人，我倒死也情愿——甚至我在期待着那个执行得不够公平的命运；它总是照顾在风头上的骄傲和幸福的人，对于那些穷人和苦人以及在绝望中请求它光临的人，反而躲避着——但是我所做的这一切全是为了她呀。为了她你来帮助我，我向你请求；不是为我，是为她！"

"抱歉，我在城里有个约会，"奎尔普说，很镇静地看看表，"否则我倒很愿意再同你消磨半小时，等你定定心——很愿意的。"

"不要这样，奎尔普，好奎尔普，"老人喘息着说，拉住他的衣服，"你同我一道谈过，不只一次地谈起她那可怜的母亲的故事。我所以害怕她陷入穷困，大概就是为了那个原因。不要对我太苛了，也请你把那一点附带考虑一下。你在我身上捞的不算少了。唔，省给我一点钱叫我满足最后一次的希望吧。"

"我不能这样做，实在的，"奎尔普说，客气得不大寻常，"虽然我告诉过你——这一点值得记在心里，因为这可以表示像我们这样最聪明的人也常常上当——我是因为看到你同耐丽过的生活太可怜，就被你欺骗了——"

"我所以这样做全是为了省下钱碰碰运气，想让她更风光些。"老人叫道。

"是，是，现在我明白了，"奎尔普说，"但是我刚才是要说，我的当上得真够厉害,你过的是守财奴的生活,认识你的人又都以为你很富有,你又一再担保,说可以多付三四倍的利息,即便这会儿,如果不是我意外地知道了你的秘密生活方式的话,我还是凭着你一张简单的纸条借给你一笔呢。”

“是谁呀?”老人绝望地反问道,“不管我防得多严,是谁告诉你的?喂,让我知道他的名字——究竟是谁呀?”

诡计多端的矮子心想如果他说出是女孩子,一定要把他所使用的机谋泄露出来,这样对他也没有好处,还是把它藏盖起来好,因此他不去回答他而问他道,“现在,你想是谁?”

“是吉特——一定是那个坏东西;他做了间谍,大概是你向他行贿了?”老人说了。

“你怎么会想到他的?”矮子说,带着绝大怜悯的声调。“对的,正是吉特。可怜的吉特呀!”

说完,他友好地点头,向他告别。走出大门不远,他又停了下来,非常高兴地苦笑着。

“可怜的吉特!”奎尔普嘟嘟囔囔着说,“我想是吉特说过这话:我比在任何地方花一个便士所看到的矮东西还丑,他不是这样说过吗?哈,哈,哈!可怜的吉特呀!”

说完他走了,一面走一面还在咯咯地发出笑声。

(许君远 译)

赏 析

如果说《匹克威克外传》的主要特点是诙谐幽默和温和的讽刺,《雾都孤儿》的主要特点是尖锐的批判,那么在批判和讽刺之外,《老古玩店》之所以打动人心的另一个重要特点就是深深的哀婉与感伤。作者在充分描写社会的丑陋黑暗面的同时,极力刻画与之形成鲜明对比的美与善,并怀抱着极大的同情哀感之心描绘美丽善良者在世间遭遇的不幸。

但是,狄更斯笔下的那些善良和美丽的形象虽然命运多舛,却并非以精神弱者的姿态出现。在这个冷酷坚硬的世界上,他们始终秉持着用美德和爱支撑的生命尊严,社会现实的黑暗越发将他们美好的生命天性映衬得如同白纱般纯净动人;他们外表柔弱而内心坚强,虽然身体在世界上消逝,在精神上却得到超越和永恒,让每个读者的心灵琴弦为之震颤。《老古玩店》里的小女孩耐丽正是这样一个形象。

在节选部分,耐丽的外祖父因沉溺赌博,精神渐渐消沉,女孩子对外祖父的担心也一日日变得沉重,这种精神负担使她本应属于孩子的心灵过早地成熟忧郁了。另一方面,高利贷者奎尔普从耐丽那里偷听到老人赌博的事情后,到古玩店去逼问恐吓老人,祖孙两个的不幸命运初露端倪。在刻画耐丽、外祖父和奎尔普这三个人物形象的过程中,狄更斯既沿用一贯的漫画式讽刺手法,将人物外形描绘得栩栩如生,又深入到人物的内心情感世界里进行细腻描写;文字风格既有一贯的辛辣尖锐,又有叹息般的哀婉感伤。如果说在以前的作品里,外部生活事件的传奇色彩带给读者的趣味超越人物形象本身,那么在这部小说中,人物性格开始血肉丰满、立体化了。如果说作者在以前的小说中描绘下层人物的不幸时,多半是从旁观者的眼光来审视的,那么在这部小说里,对不幸的体会已经深入到人物的心灵、情感和命运中。狄更斯真正走进了那些人的世界,融化进他们的血肉和灵魂里,和他们一起体会人生里处处弥散的悲苦氛围,因此他的文字也传达出一种更加动人心弦的力量。

在作者的笔下,我们看到生活是如何在一个原本快乐纯真的儿童心中投下阴影的。耐丽"一度是幸福的。她曾经歌唱着穿过朦胧的房间,踏着愉快轻巧的步子在积满灰尘的宝物中走动,她那旺盛的青春使它们越发显得古旧，她那愉快而高兴的神情使它们越发显得又严肃又冷酷"。但是她为赌博的外祖父日夜忧虑时，房间渐渐变得又冷寂又阴沉了，"当她离开小卧室到外面消磨愁闷的当儿，她常是和其中的无生命的住客一样，静静地、一动也不动地坐在那里，连引起吓吓回声的兴致都没有了"。耐丽心中过早负担起生活的重压，但这重压并不直接来自生活的困窘。耐丽精神世界的纯净丰富使她并不惧怕物质生活上的贫穷，她勇敢地对外祖父说："让我们做乞丐去……让我们穿过乡村，睡在田野的大树底下，不再想到钱，也不再想到使你难过的任何事物，而是到了晚上就好好地睡，白天让太阳照着、风吹着我们的面孔，一起感谢上帝!"但恰恰是这样一颗美丽的心灵要独自承受命运的压迫。让耐丽受到打击的不是物质的匮乏，却是她最爱的外祖父因为赌博而癫狂的言语神态带给她的精神折磨。狄更斯用大量篇幅描绘女孩子坐在窗前时阴郁可怕的幻觉，通过绘制情境来影射人的心灵和命运，表现出了心理描写的卓越才能。在幽暗夜色的烘托下，耐丽的梦境和幻觉显现出她内心梦魇般的心理阴影。狄更斯着力刻画那种与年龄不符合的沉重感，让读者不得不对这个小女孩的命运抱着深切同情。

世界对耐丽这样的弱小生命不算仁慈，不只表现在物质上让他们匮乏，更表现在精神上对他们的冷漠、疏忽和有意无意加于其上的损害。在耐丽为外祖父担忧的日子里，她日益感到自己的孤独，"她一天一天地注意、等待和静听这些事情的揭晓，感到并且知道，不管结果怎样，他们在这个世界上是孤独的，没有人会来帮助、给予劝导或者照顾——这些全是造成失望和焦虑的原因，便是一个年龄较大能够多方面寻找安慰和开心的成年人，也很难忍受得了;如今它们压在一个年轻的小孩子头上"。耐丽找不到能帮助她排解焦虑的人，只能勉力承担起与自己年龄不相符的心灵重负。从精神层面上揭示社会生活带给人的精神伤害，狄更斯的批判看似不那么辛辣锋锐，却更加刺痛我们的心灵，因为，最沉重的打击恰恰是从精神和灵魂上开始的。

从表面上看,外祖父的好赌是造成小耐丽不幸命运的一个重要因素。老人那种带着狂热气质的赌徒做派,以及他同奎尔普秘谈时的狡猾和欺骗,是让人憎恨的;但他同时又是值得可怜和同情的,因为他的一切行为都是为了能够让外孙女生活更好一些。老人解释说,之所以去赌博,是为了避免把最疼爱的人独自留在冷酷无情的世界上忍受贫困到来的苦恼,而对于他自己,"除了令人焦急的白天和没有睡眠的晚上,除了健康的损失和心情的不安宁",除了虚弱和苦恼,却没有丝毫乐趣可言。这样的表白令人心酸。和耐丽一样,老人也是残酷世道的牺牲品。他用一生时间体会到贫困的可怕,并试图让外孙女避免这同样可怕的命运,却无法用一辈子的辛劳来获取幸福,只好在生命接近终点时用赌徒孤注一掷的方式和命运作最后的战斗。结果却是适得其反,甚至连为自己最爱的人提供一点心灵安宁也做不到了。狄更斯形象地刻画出老人因绝望而狂热的语言和举止,以这种堕落的方式向社会开战,结果换来加倍的痛苦。在这个心中交织着矛盾和痛苦的老人身上,更有让人震撼的东西。

奎尔普是真正的罪魁祸首。当他偷听老人和耐丽的谈话时,他无声无息地躲在黑暗里。作者以其一以贯之的漫画手法辛辣而生动地写道:"对于一个绅士说来,站立是一种不大舒服的姿态,同时矮子又是一位到处随便惯了的人,因此不久他就看中了一张椅子,异常敏捷地跳了上去,身子靠紧后背,两脚踏住垫子,这样使他看起来和听起来都不会感到吃力,而且还可以满足他那种在任何场合都要卖弄一下的趣味,表演一些怪模怪样和猴子般的把戏。于是他坐在上面,一条腿跷到另外一条腿上,手掌托着下巴,头略向一边歪着,丑恶的容貌全部表现在那副得意忘形的嘴脸上面。"他毫无同情心,眼看着老人的哀求不仅没有丝毫怜悯,反而给他心理折磨看他更加痛苦为乐;当他离开时,又把泄露老人秘密的责任栽赃到吉特的头上。他丑陋、恶毒、冷酷,诡计多端,以巧取豪夺的占有钱财和折磨他人取乐为生活目标。

作为祖孙二人不幸命运的主要制造者，奎尔普所代表的不仅是一个个别形象，更是一个正在逐渐兴起的新阶级的缩影。小说里介绍奎尔普，说他"经营五花八门，业务也难以统计"，拥有一个奎尔普码头，还是一个旧船拆卖商。19世纪的英国，正是资本主义以原始积累的残酷方式起家的初级阶段，平静安宁的自然经济受到冲击，大量的小生产者破产。老古玩店的衰败象征着一个时代的逝去，外祖父老吐伦特先生就是小生产者的代表之一。奎尔普虽然恶毒冷酷，却显示出一种强大的生命力。旧时代的衰败是必然的，但美德也随之流失，狄更斯显然看到了这一点。小耐丽的自然、纯真、善良在这个新的世界里显然已经没有容身之处了，狡诈、追逐金钱、冷酷自私才是这个时代的真正面目。狄更斯对这个逝去的年代明显怀抱着哀悼之情，对这个新阶级和即将出现的新世界抱着质疑和憎恶的态度。

（王　茜）

董贝父子

作品提要

伦敦大商行老板董贝唯利是图，毫无人性。他对女儿弗洛伦斯视同路人，十分冷酷。妻子生了儿子珀尔，他欣喜万分，因为儿子可继承他的事业。妻子产后抱病身亡，董贝无动于衷。他按照自己的模式强制性地管教儿子，导致儿子夭折。弗洛伦斯被女骗子骗走，幸亏青年职员沃尔特将她找回。不久董贝派沃尔特去西印度任职。董贝赎娶年轻寡妇伊迪丝为妻，指望她生育继承人。伊迪丝对弗洛伦斯关心爱护有加，却引起董贝的不满和压制。伊迪丝忍无可忍，愤然出走，弗洛伦斯也不堪父亲的冷漠，逃离家门，与回到伦敦的沃尔特结合。董贝终因独断专行，众叛亲离，在商业竞争中失败而宣告破产。正当他准备自杀时，弗洛伦斯来到他身边，重新唤起他对生活的希望。

| 作品选录 |

第一章

屋里遮得暗暗的，董贝坐在屋角一把大扶手椅里，椅子就放在床旁边。儿子身子裹得暖暖烘烘，躺在小摇篮里；摇篮仔细地安置在炉前一把矮长椅上，紧挨着炉火，他的身体就好比一个黄油松饼，得乘它刚做出来就烤成焦黄。

董贝大约四十八岁。儿子刚出世约四十八分钟。董贝脑袋有点儿秃，脸色红润。他相貌堂堂，身材匀称，可是神气过于严峻，一脸傲气，使人无法亲近。儿子脑袋完全光秃，脸色很红润。毫无疑问，是个漂亮的婴儿；可是他皮肤皱皱巴巴，斑斑点点，看样子像是受到挤压，此时还没有平复。时光和忧虑像一对冷酷的孪生兄弟，把我们人类当做供他们采伐的树林，一路走来就在树身上凿出一道道痕迹，留作印记，准备到时候就把树木砍倒。董贝的额头上已经留下了一些印痕。儿子脸上虽然纵横着千道细小的皱褶，但那位惯于欺人的时光老哥，却爱用它镰刀的平面把婴儿的脸蛋抚摩得溜光滑亮，好让它将来在那里狠狠地下刀子。

长期的心愿竟然变为现实，让董贝高兴得抓住悬挂在笔挺的蓝外衣下面那条沉甸甸的金表链，把它抖动得玲玲作响。外衣纽扣在远处昏暗的炉火映照下，也闪闪发光。儿子攥着两个小拳头，似乎完全没有料到自己会诞生,尽管虚弱无力,却也在努力向人世间抵挡、招架呢。

董贝先生说:"董贝太太啊,'董贝父子商行'以后不光是空有其名,而且又名副其实了。'董贝父子商行'——'父子商行'!"

董贝父子这几个字具有使他变得温柔的力量。他这个人从来不习惯对太太细语温柔,这时尽管还是不好意思说出口,却在董贝太太名下加添了一个亲热的称呼,"董贝太太,我……我亲爱的。"

这位身体极度虚弱的夫人有点惊讶,抬眼望他的时候,脸上竟泛出一阵红晕。

"等他受洗礼时就给他取名珀尔①,我的……董贝太太……这是理所当然的。"

她用极其微弱的声音回应了一声"当然";更确切地说,她只是动了动嘴唇,又合上了眼睛。

"董贝太太啊,他爸爸、他爷爷都叫这个名字!我真希望他爷爷能活到今天,亲眼目睹这喜事!"他又用刚才说话的腔调再说了一遍"董贝父子"。

董贝先生全部心思都集中在这几个字上。上帝创造地球,为的是让"董贝父子商行"在上面做买卖;上帝创造太阳、月亮,为的是给商行照亮;上帝为了给商行船只航行之便,开辟了长河大海。虹霓为他们预报好气候;风是顺是逆,只意味着对商行事业的或损或益。沿着轨道运行的星辰,也不敢违背以商行为中心的宇宙规律。在董贝先生眼里,就连常用的简缩字也具有仅仅与"董贝父子"相关的新鲜意义。譬如说A.D.就不是耶稣纪元的缩写,而是"董贝父子"纪元的缩写了。②

他步着他父亲的后尘,沿着生死的顺序,从"董贝父子"的小老板升为大老板。将近二十年来,他成了这家商行的唯一代表。这些年里他成了婚,结婚约已有十年之久。有人在背后议论,说他娶的这位夫人并不爱他;对她来说,幸福的时光都已经逝去,她只得收拾起满腹愁绪,温顺地恪尽自己眼下的责任,对丈夫百依百顺,别无所求。这些闲言碎语与董贝先生密切相关,当然不大会传到他的耳朵里。如果让他听见,恐怕世上没有谁会像他那样根本不予置信。"董贝父子"商行经常做皮革生意,却从来不和人心打交道。商行把人心这种高雅货色,让给人间小儿女们,在寄宿学校,或书本上去经营。董贝先生自有他的见解,任何一个稍有常识的女子,能嫁上他这样的老公,还不称心如意、风光无限吗? 这是顺理成章的,事实必定如此。就算是最缺乏雄心壮志的女子,能有指望为他的商行生出个小老板来,也一定会激情勃发,无限振奋。且不说为这家独资经营的商行传宗接代,女人要有地位、有钱财,结婚是必经之路。董贝太太和他缔结婚约的时候,对这种种有利条件,自然看得再明白不过。董贝太太对自己丈夫的社会地位每天都有切身体会。董贝太太平时坐在他家餐厅的主妇位置上,款待宾客,总显得雍容华贵,得体大方。董贝太太一定感觉幸福。她想不幸福都难。

但是,无论如何,令人遗憾的事还是有一桩的。是的,他本人也承认。事情虽然只有一桩,但这桩事却关系匪浅。他俩结婚十年,却一直没有男性子嗣,直到今天——董贝先生坐在床前大扶手椅里,把他那条沉甸甸的金表链抖动得玲玲作响的今天,才算有了男性继承人。

有一件不值一提的事,那就是:大约六年前,他们有了一个女儿。这会儿小女孩悄悄地溜进了房间,谁都没有注意,此刻她正怯生生地蹲在房间角落里能看得见妈妈脸蛋的一个地方。对"董贝父子商行"而言,一个女孩子算得了什么? 商行的卓著声誉和显赫地位是一笔巨大的资产,女孩子不能对此有所贡献,她就好比是一枚无法用于投资的劣币,一个顽劣不堪的败家子罢了。

就董贝先生而言,这个小小女孩好比是他的感情从不涉足的一条偏僻小径。然而此刻,他心头得意、快慰之情,已经满到快要溢出来了,以至于他觉得可以把洋溢在心头的感情,洒几滴在这条偏僻小径的尘土上。

于是他说:"弗洛伦斯,我知道你准愿意走过去看看你那漂亮的小弟弟。去吧,只是不许碰他!"

小姑娘用敏锐的目光对他的蓝外衣和硬绷绷的白领结瞥了一眼。蓝外衣、白领结,以及一双走起路来叽嘎叽嘎的皮靴、一块不停发出滴答滴答声音的表,就构成了她心目中爸爸的形象。她的视线立刻又回到妈妈的脸上;妈妈一动不动,丝毫没有反应。

倏然间,妈妈睁开了眼睛,看到了小姑娘。小姑娘急忙跑到床跟前去,踮起脚尖站着,以便把她那小脸蛋更深地埋在妈妈的怀抱里;那种拼性舍命的激情,与她幼小的年龄完全不相符合。

董贝先生生气了,他站起身来说:"天晓得!这算是干什么呀!真是的,这样的举动缺乏教养,一点都不稳重!看样子恐怕我得请裴普斯大医师再上来一趟。我要下楼,我要下楼。"他在炉旁的矮长椅旁边停了一下,又说道,"不用我吩咐了吧? 请你特别小心,好好照看小少爷。这位太太姓什么来着?"

那位护士倒是上等人家出身,但因家道中落,对谁都赔着笑脸。她不敢冒昧地直说自己的姓氏,只是委婉地暗示了一下:"先生叫的是卜洛吉吧?"

"卜洛吉,请你好好照看小少爷。"

"这还用吩咐吗,先生,真的。我记得弗洛伦斯小姐刚生的时候……"

董贝先生说:"啊,得了,得了。"他俯身看那摇篮,同时略微皱皱眉头说,"你说弗洛伦斯小姐那时候怎么怎么样,那是不能相提并论的,这件事大不一样。这位小少爷可是命中注定要完成重大使命的。你要完成重大使命啊！小家伙!"他一边呼唤那新生婴儿,一边举起他的一只小手,放到唇边亲吻起来。但是他很快就意识到这个举动可能会损及自己的尊严,便下楼去了,样子颇为尴尬。

帕克·裴普斯大医师是一位宫廷御医,在为豪门巨室助产接生方面声誉卓著。这时大医师正反背着双手在客堂里来回踱步,而家庭医药顾问大夫则怀着无可言喻的钦佩,在一旁望着他。最近六周里,家庭医药顾问不断在对他所有的病人、朋友、相识们吹嘘说,自己日日夜夜、每时每刻都在等待召唤,准备去董贝府接生。这回他可是要和宫廷御医帕克·裴普斯大医师合作呢。

"啊,先生,"帕克·裴普斯大医师压低声音说,此刻他那圆润、深沉、洪亮的嗓子,与大门上的敲门环一样,也包住了,不出大声,以免吵了产妇,"经过你的探视,你觉得你那亲爱的夫人,精神是不是稍稍振作了一些?"

"也就是说,受到了激励,"家庭医药顾问低声补充了一句,同时对宫廷御医鞠了一躬,似乎在说,"请原谅我插了一句话,可是,能与你合作,真是三生有幸。"

这个问题让董贝先生感到窘迫。他几乎从来没有考虑过产妇的身体状况,因此不知道该怎样回答。他只是说,希望帕克·裴普斯大医师能再上楼去看看。

"好的。我们也不该向你隐瞒,先生,"帕克·裴普斯大医师说,"公爵夫人殿下……对不起,我把名字弄混了,我是说,你那位和蔼的夫人体质相当虚弱,全身瘫软,缺乏康复能力。我们可不……不愿意……"

"看见。"家庭医药顾问插上一句话,说时脑袋又往下一低。

"对啊,"帕克·裴普斯大医师说,"这种状况是我们不愿意看见的。

看来,康克贝夫人……对不起,我是说董贝太太……我把病人的名字弄混了……"

"病人实在多,"家庭医药顾问大夫喃喃地说,"我敢肯定,名字不可能不弄混……要是全都记清楚倒怪了……帕克·裴普斯大医师西城③的营业太好了……"

"谢谢你,承蒙体谅,"那位大医师说,"实际情况正是这样。我刚才想说的是,我们伺候的这位夫人,身体处于休克状态,要想恢复过来,得盼着她能使出巨大的……"

"而且强劲的……"家庭医药顾问低声补充。

"说得对,"大医师赞许道,"而且强劲的……努力。皮尔金斯大夫是府上的医药顾问……谁也没有他更称职的了,我敢肯定……"

"噢!"家庭顾问大夫喃喃道,"这可是'休伯特·斯丹雷爵士的赞称'④呀!"

帕克·裴普斯大医师说:"你这么说话太客气了!作为府上的医药顾问,皮尔金斯大夫对我们这位产妇平日的体质知道得最清楚,他的认识对我们当前的诊断具有非常宝贵的价值。他和我意见一致,我们认为,在当前的情况下,得把产妇的全部生命机能统统调动起来,作出强劲的努力才行。如果我们十分关注的朋友董贝伯爵夫人……真是对不起,我是说,董贝太太……不能……"

"调动起全部生命机能。"家庭医药顾问在一旁帮腔。

"如果她的强劲努力,"帕克·裴普斯大医师接着说,"没有获得成效,就可能会出现危险,要是那样的话,我们俩就真正会万分遗憾了。"

两位医师说完话,便低下头颅,站在那里朝地面看了片刻。接着,在帕克·裴普斯大医师默默示意下,两人准备一起上楼。家庭医药顾问为那位名医开了门,自己毕恭毕敬地跟在后边走出房间。

　　如果说董贝先生听到这个不好的消息竟会无动于衷,那是冤枉了他。严格说来,他可不是那种胆小自扰、一惊一乍的人。可是他心里明白,如果他的妻子病倒、死去,他还是会非常惋惜,觉得自己杯盘、桌椅等日用家具里,就此缺少了一件很有用、很舍不得丢失的东西。然而,他的惋惜一定冷静而恰如其分,像商人般实际,像绅士般得体,毫无疑问,他把持得住。

　　董贝先生正在为医生告诉他的话沉思,他的思路忽然被打断了,先是楼梯上响起一阵衣裙窸窣声,接着客厅冲进个中年太太来。她的岁数比中年略大些,而不是小些,但却是一身年轻女士的服装打扮,特别是胸部裹得紧紧的。她拧紧了脸,拧紧着身子,满脸浑身带着压抑不住的感情,跑上前来,双臂搂住董贝先生的脖子,就连嗓门儿都像堵塞了似的,说道:

　　"我亲爱的珀尔!他真是咱们董贝家的人呐!"

　　他们俩是兄妹。董贝先生对妹妹说:"是啊,是啊,我觉得他确实像咱们家人。路易莎,你不要太激动了。"

　　"我这个人真傻,"路易莎一面坐下,一面掏出小手绢来,说道,"可是他……他真是个十全十美的董贝!我一辈子也没见过这么地道的!"

　　"可是范妮本人是怎么回事儿啊?"董贝先生说,"范妮身体怎么啦?"

　　"我亲爱的珀尔,"路易莎说,"什么事也没有;相信我好啦,什么事也没有。当然,她确实是精疲力竭了,但是和我生乔治或费德利克时使的劲儿,还是不能相比的。她必须拼命努力就是了。可惜亲爱的范妮嫂嫂不像董贝家的人!不过我想她会拼命努力的。我一点儿都不怀疑她会拼命努力。只要她懂得这是自己应尽的责任,她就一定会拼命努力。我亲爱的珀尔,我知道自己既傻又软弱,竟至于浑身上下、从头到脚都打起哆嗦来了,请你给我倒杯酒来,把那蛋糕也给我切一片。我刚才看望亲爱的范妮嫂嫂和那可爱的小不点儿下楼来时,我只怕自己要从楼道窗口摔出去呢。"新生娃娃的脸忽又活现在她眼前,使她用了刚才的那个称号。

这时有人在门上轻轻地敲了一声。

"戚克太太,"门外响起一个非常柔和的女性声音,"我亲爱的朋友,你现在身体怎么样啦?"

"我亲爱的珀尔,"路易莎从椅子上站起来,一面低声说,"这是托克丝小姐。心肠最善良不过的人呐!我今天要是没有她陪着,怎么也到不了你家!托克丝小姐,这是我的哥哥董贝先生;珀尔,我亲爱的哥哥,这位是我特别要好的朋友托克丝小姐。"

她特地介绍的这位小姐身材瘦长,看来不是亚麻布商家独创的所谓"永不褪色"的料,却是越洗越淡,已经黯然无色了。否则的话,照她那样对谁都讨好、客气,她真可称得上是女士的典范呢。她有这样一个习惯:每逢人家对她说句什么话,她总是倾耳恭听,并凝神望着那人,似乎在摄取对方的肖像,把它深深地铭刻在心里,永志不忘。由于经常这么做,所以脑袋都歪到一边去了。她的双手惯常会神经质地自动往上举,似乎是因为倾心仰慕,不由自主。她的双眼也同样会往上翻。她说起话来,嗓音之柔软是你从来没有听见过的。她长着个鼻梁高得出奇的鹰钩鼻,弧形正中有个结节,从那里一直向下低垂,似乎早已拿定主意,准备谦卑到底,对谁也不敢翘起。

托克丝小姐的穿着尽管像个上等人的样子,但似乎有些生硬,带些寒酸。她惯爱在自己的各式帽子上,缀上些小而别致的野花,有时候人们会从她的头发里找到些奇奇怪怪的草。好管闲事的人还注意到,她衣服上的领子呀,绉边呀,遮脖子的花边呀,袖口的镶边呀,以及各种薄纱织花的东西……凡是两尽头需要扣拢的,那两头从来合不到一处,总得费一番周折才扣得拢。她冬天穿戴的披肩、围巾、手筒之类是毛皮的,毛毛都支支棱棱,一点都不光润。她经常携带的几个小提包都有按扣,关的时候就会发出啪的一声,好像是在打小手枪。她盛装的时候,项链上挂一块光秃秃的圆形玉石,像一只混沌无光的眼睛。根据托克丝小姐的这种打扮,以及其他种种外部表象,人们议论说,这位小姐虽然经济独立,但资源有限,只能仔细地过日子。她走起路来扭捏作细步,也许这种姿态更促使人们相信,准是因为她平日精打细算惯了,才会一步路分成两三步走。

"我敢肯定,"托克丝小姐深深行个屈膝礼,说道,"有缘拜见董贝先生确实是我长期盼望的幸事,只是没有料到就在今天。亲爱的戚克太太……我能不能叫你路易莎?"

戚克太太握着托克丝小姐的手,把酒杯底放在上面,强忍住一滴泪,低声说:"愿上帝保佑你!"

"那么现在你就是我亲爱的路易莎了,"托克丝小姐说,"我的好朋友,你现在觉得身体怎么样?"

"好了一些,"戚克太太回答道,"你也喝点酒吧。这些日子你几乎和我一样焦虑不安,我敢肯定,你需要喝点酒了。"

董贝先生当然履行主人之谊,为她斟了酒。

"珀尔啊,"戚克太太仍握着托克丝小姐的手,"托克丝小姐最清楚,我是怎样全心全意地盼望着今天的大喜事,她特地为范妮做了一件小礼物,我答应要代她奉送的。珀尔,那不过是梳妆台上的一个针插子⑤,可是我得说,我要说,我必须说,托克丝小姐表达的情意非常恰当,完全切合这一场景。'欢迎啊,小董贝,'我觉得这句话简直就是诗呀!"

"那是上面绣的题词吗?"她哥哥问道。

"上面绣的正是这句话,"路易莎说。

"请你体谅我当时的难处,我亲爱的路易莎,"托克丝小姐认真地低声恳求道,"难就难在不敢肯定小宝宝是男是女,让我难于措词,我只得冒昧地用了这样的称呼。要是能用'欢迎啊,董贝少爷',我就称心多了。我敢肯定,我当时的思想感情,你准知道得一清二楚。可是,谁能知道将要降生的小天使是男是女呢?我希望,我那过后看来似乎有些冒昧的措词,也情有可原吧?"托克丝小姐一面说,一面对董贝先生温文尔雅地鞠了一躬,那位先生也有礼貌地回了礼。托克丝小姐在刚才的谈话里,对"董贝父子"流露的那种敬意,都让他感到非常惬意。尽管他似乎把戚克太太看成是一个软弱无用的滥好人,但这位妹妹也许最能对他施加影响,谁都比不上她呢。

"啊!"戚克太太称心地微笑着说,"这回好啦!范妮生了儿子,我什么都原谅她了!"

这话符合基督教的精神,戚克太太说了觉得自己真好。她嫂子并没有哪件事需要她原谅,实在是什么也不用她原谅……除非是她不该嫁给她哥哥。嫁给珀尔哥哥就是一种狂妄。而且后来又不生儿子,却生下一个女儿。戚克太太常说,她嫂嫂真令人失望,受了这么好的照顾和尊敬,这样来报答,怎么对得起人呢。

这时有人急急忙忙把董贝先生请出去了。客厅里只剩了两位女客。托克丝小姐的举动立刻就神经质地一阵阵痉挛起来。

"我知道你准钦佩我哥哥。我不是早就对你说过了吗,我亲爱的!"路易莎说。

托克丝小姐的手势和眼神表达出她的无限钦佩和景仰。

"说到他那份财产呀,我亲爱的!"

"啊!"托克丝小姐深深动情地说。

"雄厚得很哪!"

"不过,我亲爱的路易莎啊,"托克丝小姐说,"你瞧,他的举止多神气!他的风度多庄重!他的气质多高贵呀!我见过的画像里,没有谁的仪表能赶得上他一半儿的!你知道,他如此威严,一副毫不妥协的神色,胸又宽,背又挺,亲爱的朋友啊,他不折不扣,是商业界的一位约克公爵⑥呀!"托克丝小姐赞叹道,"我就得这么称道他!"

"啊呀,我亲爱的珀尔!"这时董贝先生回来了,他妹妹叫道,"你脸色苍白得厉害!没出什么事儿吧?"

"我遗憾地告诉你,路易莎,据他们说范妮怕是不好……"

"啊,我亲爱的珀尔,"戚克太太说着站起身来,"别听他们的。你假如对我的经验还相信得过,珀尔,你尽可放心,范妮只要使点劲儿就行。"她动作干净利索地脱掉出门戴的帽子,戴端正了便帽和手套,一面接着说,"要鼓励她拼命努力,如果万不得已,真得逼着她来。好吧,我亲爱的珀尔,陪我上楼去。"

上文已经说过,董贝先生平日最听这妹妹的话,而且真正相信她是个经验丰富、能干老练的主妇。他没别的话说,马上跟着她进了产妇的卧室。

产妇还像董贝先生出来的时候那样,躺在床上把她的小女儿紧紧搂在怀里。小姑娘紧紧抱住妈妈,还像先前那样充满激情。她没有抬一抬头,嫩脸贴着妈妈的脸没移动一下,也没对四周的人看一眼。她既不说话,也不动弹,也不流一滴眼泪。

"女儿只要一离开,她就非常不安,"大医师悄悄地告诉董贝先生,"我们觉得还是让孩子回来的好。"

床周围肃静无声。董贝太太躺着毫无知觉似的;两位大夫瞧着她,都好像怀抱着满腔怜悯,但几乎没有怀抱着任何希望。戚克太太当时只好暂且放弃她原来的打算。可是她立刻鼓起勇气,凭她所谓急智,在床沿坐下,想要把人从睡梦里喊醒似的,用低沉清晰的声音喊道:

"范妮!范妮!"

没一点回答的声音。只听得董贝先生的表和帕克·裴普斯大医师的表嘀嗒嘀嗒走得很响,两块表好像在一片沉默中赛跑。

"范妮,我亲爱的,"戚克太太装出轻快的调子说,"董贝先生瞧你来了!你不跟他说句话吗?他们打算把你的儿子……就是你那小娃娃,范妮,我想你大概还没有看见他吧?……他们打算把你儿子放在你床上呢!可是得等你清醒点儿才行啊!你说,这会儿你是不是该清醒清醒了?啊?"

她把耳朵凑到床上去听,一面瞧着四周的人,还对他们竖起一只手指头。

"哎?"她又问了一声,"范妮,你说什么呀?我听不见。"

毫无反应,没有一句回答,没有一点声音。董贝先生的表和帕克·裴普斯大医师的表在赛跑中似乎跑得更快了。

"啊,真是的,我亲爱的范妮,"她的小姑不由自主地扭过些身子说,听那口气已经不那么自信,只是更加急切了,"你如果不清醒过来,我真要对你发火了。你得使劲,也许还得拼命努力才行;你懒得使这个劲儿呢。范妮,你知道,这个世界全靠努力,咱们得拼命的时候,怎么也不能垮下来。来吧!试一试!你若不试试,我真的要骂你了!"

她说完停顿一下。这时两块表拼命赛跑,发狂似的,彼此推挤,相磕相绊。

"范妮!"路易莎叫了一声,一面向四周扫了一眼,心里慌张起来,"你且对我看看;你且睁开眼睛,让我知道刚才那些话你听见没有、听懂没有,行吗?天哪!两位大夫,这可怎么办呀?"

两位大夫隔着床彼此使个眼色。家庭顾问大夫俯下身去,贴着小姑娘的耳朵悄悄说了一句话。小姑娘没有领会他的意思,只是转过她那张苍白的脸,用那对深色的眼珠望着他,可是还紧紧抱住妈妈,一点没放松。

家庭医药顾问把他那句话悄悄重复一遍。

"妈妈!"小姑娘喊道。

这轻轻一声呼唤是妈妈熟悉的、心爱的;即使在她奄奄一息时,仿佛也唤醒了她的某种知觉。一时间,那双合上的眼皮微微颤动,鼻孔一张一翕,脸上浮现出若有若无的一丝笑意。

"妈妈!"小姑娘喊着哭出声来,"啊!亲爱的妈妈!啊!亲爱的妈妈!"

大医师轻轻撩开小姑娘散在妈妈脸上、嘴上的鬈发。哎呀!那一缕缕头发丝已经寂然不动;几乎完全看不到还有微弱的气息在吹拂。

妈妈紧紧抱住怀里那根纤弱的船桅,漂流到围绕着人世滚滚翻腾的那无比黑暗、神秘莫测的大海上去了。

第三章

董贝太太的丧事办得风光体面。不但承担丧葬的人完全满意,就连平时对这类事惯爱挑剔、稍欠礼节就会吹毛求疵的街坊四邻,这回也都无瑕可击。葬礼完成后,董贝先生一家人各就各位,回归了日常生活。这个小世界和外面的大世界一样,都容易把去世的人忘掉。女厨师说,这位太太脾气温柔;女管家说,凡人皆有死,谁也逃不过;门房说,真没有料到;女佣说,她简直不相信;听差说,就像做了一场梦。这些话说完后,大家再没有别的话可说,渐渐觉得身上的丧服都穿旧了。

李切子被安排住在楼上,虽然是个受到重视的奶妈,却像是个囚徒,只觉得新开始的生活阴冷灰暗。董贝府是一座巨大的豪宅,位于坡特仑花园和布赖恩斯广场⑦之间。那条街阔气得要命,都是些豪门巨宅。董贝府在街道转角处背阴的一边,显得阴沉沉的。屋子有一大片地下室,一个个装铁栅的窗,好像对着室内瞪眼睛;通向垃圾箱的几扇玻璃门,就像斗鸡眼似的向室内窥望。这所房子很阴暗,后背呈圆形。里面一套几间客厅,面对着一个铺碎石子的庭院。庭院里有两棵憔悴的树,枝干都成了黑色;烟熏的叶子干燥得过分,阵风吹过时并不作飒飒声,却咔嗒咔嗒地响。街上难得见到阳光。只在夏天吃早点前后,推车卖水的、卖旧衣的、卖天竺葵的、修理阳伞的、把自鸣钟上的小铃开足了一路嘀玲玲响的——这伙人陆续经过的时候,阳光才会在这条街上照耀一小会儿。等阳光很快就逝去,当天就不再回来。一队队奏乐的、一批批演木偶戏的流浪艺人随后也都走了。直到黄昏,逗留在街上的只剩了沉闷不堪的手风琴和串戏的白老鼠;偶尔花样翻新,也有串戏的箭猪。傍晚时有些人家出门赴晚宴,他们家的门房就跑到门口来站着。点路灯的人每天夜里都会来点亮煤气灯,可是总无法把这条街照亮。

董贝家的房子,里外一样黑暗。董贝先生一心一意为儿子着想,也许是为儿子保藏家当,丧事完毕,就下令:除楼下几间他自己使用的房间外,把所有其他房间的家具都遮上,把陈设都撤除。桌子、椅子堆放在房间中间,再用大床单蒙上,显得一副怪相,不知像是什么东西。拉铃的把手上、百叶窗上、镜子上,都糊着报纸;日报或周报上片段的死人讣告、谋杀惨案的新闻赫然刺目。悬挂的枝形吊灯或烛架都包上麻布,像是天花板上一只大眼睛里掉下来的大滴泪珠。可以闻得见有一股气味从烟囱里冒出来,好像是从地窖等潮湿地方升上来的。那位死了、埋了的太太,画像的框上包着白色纱布,显得面貌可怕。她病中房前的街上铺着稻草,⑧有些霉烂的还沾在地上,一阵风起,草屑就沿着邻近马房的角落里打转。对门一座肮脏的房子是要出租的,那些草屑不知受了什么招引,都去聚在那个门口,对着董贝家的窗子如有所诉,很动人愁思。

董贝先生留给自己住的那套房间,由进门的走廊出入。一间是起居室。一间是书房,其实当盥洗室用,所以里面两股气味一样浓郁:一股是加光纸、皮纸、摩洛哥皮和俄罗斯皮的气味,一股是各双皮靴的气味。最靠边一间是小小的早餐室,像养花的暖房,向阳的一边全是玻璃,望出去就看见上面提到的那两棵树,经常还有几只猫来来往往。这三间房连成一套。董贝先生早上在起居室或书房吃早点的时候和下午回家后吃晚饭之前,总拉铃召李切子抱着小宝宝到他那间玻璃房里去来回散步。这房子从前他父亲住过多年,很多陈设是老式古板的。李切子奉召跑去,能瞥见里边昏暗的屋里,董贝先生坐在深色的笨重家具中间,远远望着小娃娃。她看了总觉得董贝先生一人独处,像单身牢房里的囚犯,或不与人交往的孤鬼。

几星期来,小珀尔·董贝的奶妈带着小珀尔也是过这种孤寂生活。逢到好天气,威克太太往往由托克丝小姐陪着来拜访。她们就带着李切子和小宝宝出门呼吸新鲜空气——就是说,来回在人行道上像送丧那样一本正经地走路。李切子一人从不出门。有一天,她在凄凉的一间间厅堂里走了一圈,回到楼上自己房间里,正要坐下,忽见房门慢慢地、轻轻地摊开了,一个深色眼珠的小姑娘向门里张望。

李切子从没见过这小姑娘,心想,"这一定是弗洛伦斯小姐从姑妈家回来了。"她说:"小姐,你好吧?"

小姑娘指指小娃娃说:"那是我的小弟弟吗?"

李切子说:"是啊,我的小乖! 来吻吻他呀!"

那小姑娘不跑近来,只真挚地望着她的脸说:

"你把我妈妈怎么了?"

李切子说:"啊呀,这小宝贝!问得人多伤心呀!我把她怎么了?小姐,我没怎么呀!"

小姑娘问道:"他们把我妈妈怎么了?"

李切子当然联想到要是自己死了,那么她的不定哪个孩子也会这样打听她呢,她说:"我一辈子没见过这样叫人心疼的孩子!过来呀,小姐,别怕我。"

小姑娘挨近些说:"我不是怕你,我是要问问,他们把我妈妈怎么了。"

李切子说:"小宝贝,你身上这件漂亮的黑衣裳就是纪念你妈妈的。"

小姑娘眼睛里涌出了泪水,说:"我不管穿什么衣裳,心里都惦记着我妈妈。"

"可是一个人去世了,咱们就穿黑衣裳纪念。"

小姑娘说:"去哪儿了呢?"

李切子说:"来,挨我坐着,我给你讲个故事。"

小弗洛伦斯很机灵,知道这就是要回答她问的话。她放下拿在手里的帽子,去坐在奶妈身边的小凳上,仰脸望着奶妈。

李切子说:"从前有一位太太……一位很好的太太,她的小女儿一片真心爱着她。"

"一位好太太,她的小女儿一片真心爱着她。"小姑娘学着说。

"她随着上帝的意愿,生病死了。"

小姑娘打了一个寒噤。

"死了,这个世界上,谁也不会再看见她了;以后就埋在生长树木的泥土地里了。"

小姑娘说:"冰冷的泥土地?"她又打个寒噤。

波莉乘机说:"不冷!泥土地是暖的。丑的小种子埋在地里,就变成美丽的花呀、草呀、谷子呀,还有说不尽的种种东西。好人埋在地里就变成光明的天使,飞到天堂上去。"

小姑娘低头坐着,这时又抬起头来,一双眼盯在奶妈脸上。

波莉直想安慰小姑娘,忽见稍稍有一点儿成功,自己心里却没有多大把握,瞧那小姑娘诚挚地望着自己,不免有点心慌。她说:"所以……嗯,嗯,这位太太死了,不管是抬去埋在什么地方,她反正是到了上帝那里!她就祷告上帝,真的,"波莉一片真诚,自己也深受感动,"这位太太恳求上帝教导她的小女儿,让她确实相信,妈妈是在天堂上;叫她知道妈妈在那里很快活,还像往常一样在疼爱她;让她有希望、并且努力争取……哎,一辈子都得努力争取,将来和妈妈在天堂上相会,永远永远不再分离。"

小姑娘跳起来,抱着波莉的脖子说:"这就是我的妈妈呀!"

波莉把她搂在怀里说:"那孩子——那小女儿完全相信。尽管跟她讲这话的不过是个陌生的奶妈,话又讲不清,可是奶妈自己也是个可怜的妈妈呀;只为这个缘故,小姑娘听了她的话心上就踏实了,不觉得孤单了……就在奶妈怀里哭了一场……她很喜欢奶妈带的娃娃……哎,好了,好了,"波莉一面说,一面抚摩着小姑娘的鬈发,眼泪簌簌地往地上掉,"好了,好了,可怜的乖孩子!"

忽然门外传来了个爽利的声音,"嘿!弗洛伊小姐,你爸爸得生气了!"说话的是个十四岁的姑娘,看上去已经成年,矮矮的个子,并不白净的皮肤,大蒜形的小鼻子,黑玉似的眼珠;她说:"早就明明白白吩咐过你,不准和奶妈捣乱。"

波莉惊讶地说:"她没和我捣乱。我很喜欢小孩子。"

黑眼珠姑娘答道:"唔,李切子大娘,对不起,你知道,你这话没说到点子上。"她说话非常尖利,好像能刺得人眼里冒出泪水来。"譬如说吧,李切子大娘,我很喜欢一便士一堆儿的螺蛳⑨,可是我也不能因此就把螺蛳拿来当茶点吃呀!"

波莉说:"倒也是,我那句话没说到点子上。"

那尖利的姑娘说:"好吧,李切子大娘,我的话不错吧! 反正请你记着:弗洛伊小姐由我管;珀尔少爷由你管。"

"可是咱们俩还是不用吵架呀。"波莉说。

"噢,当然不用,"霹雳火似的姑娘说,"一点儿没有必要,李切子大娘。我不愿意跟你吵架。管弗洛伊小姐是长期的,管珀尔少爷是临时的,咱们身份不同,不用争吵。"霹雳火毫无迟疑吞吐,心上想说什么,恨不得连珠箭似的用一句话、一口气喷射出来。

"弗洛伦斯小姐刚回家吧?"波莉问道。

"是啊,李切子大娘,刚回家。弗洛伊小姐,你瞧瞧,回来还不到一刻钟,你稀湿的脸,就把李切子大娘为你妈妈穿孝的好衣裳蹭脏了。"霹雳火姑娘真名是苏珊•聂宝。她一面责备小姑娘,一面揪住她,像拔牙似的,把她从新朋友怀里拔出来。不过她的这个举动,好像并不是故意粗暴,只是因为她的责任心太强了。

"弗洛伦斯小姐回家了,一定很快活,"波莉朴实的脸上带着可亲的笑容,向她点头说,"今晚准要高高兴兴地去见见她的好爸爸了。"

"咳! 李切子大娘,"聂宝姑娘听了这话,把身子使劲一扭,大声说,"别提了! 还说什么见她的好爸爸呢! 我倒想看看她去见爸爸呢!"

"照你那么说,她不会去见她爸爸?"波莉问道。

"咳! 李切子大娘,她不会去的! 她爸爸一心一意都用在另外那个孩子身上了! 从前没有别的孩子占据他的心,他也从来没有宠过她。"

我告诉你吧,李切子大娘,这家子呀,女孩子不当东西!"

小姑娘目光灵活,把她们俩从这个看到那个,好像对她们的话既有领会,又有感受。

…… ……

(薛鸿时 译)

注 释

① 珀尔(Paul):董贝父子同名。

② A. D. 是拉丁文 Anno Domini 的缩写("A"是"纪元"的缩写,"D"是"吾主耶稣"的缩写);但在董贝心目中,"D"成了"董贝父子"(Dombey and Son)的缩写。

③ 伦敦的有钱人和时髦人都住在西城。

④ "休伯特·斯丹雷爵士的称赞才真是称赞",出自英国喜剧作家莫顿(1764—1838)的喜剧《心痛疗法》(1797)第 5 幕第 2 景。

⑤ 当时女人衣服上别着许多大头针,脱衣时摘下插在圆鼓鼓的针插子上。

⑥ 约克公爵:英国王室之外最高的世袭爵位。

⑦ 这是伦敦西城有钱人住的地区。狄更斯本人于 1839 年至 1851 年间居住的德文郡街,就在那一带。

⑧ 免得车轮声惊扰病人。

⑨ 聂宝大概想说海螺(periwinkles),但误说成发音近似的螺蛳(pennywinkles)了。

赏 析

作为生活在 19 世纪转型期有名的批判现实主义作家,狄更斯关注着社会的发展与个人命运。随着工业革命的进一步深化,国民财富急剧增长,资本家们极大地关注着个人物质财富的积累增长。其结果是,人们忽略了人性,由此导致严重的个人及社会问题。《董贝父子》是一部即时性的作品,描写的是小说发表时的英国社会生活。此时的英国早已从一个农业国转型为工业国家,成为全世界第一个最发达的资本主义国家。随着财力,物力的上升,"人类的道德瘟疫也和有毒的空气一起上升……"《经济学家》杂志的一匿名评论者在小说第一期发表后就发达了自己对狄更斯新作的欢迎态度,认为小说对董贝这一形象的塑造可谓针砭时弊,他说:"我们急需塑造一个像董贝这样的人物出来,现在的伦敦充斥着一些像他这样冷酷、自大、僵化而严厉、唯钱是尊的人。"

《董贝父子》的主人公董贝先生是个硬邦邦、不打弯儿的资本的化身,他坚信资本万能。他遭遇了第一任妻子死亡、商行唯一继承人夭折、最信任助手和第二任妻子的背叛以及商行破产等一系列变故,沦落为一个一无所有的人。最后在女儿弗洛伦斯无限的关爱下,才摆脱了人性的异化,恢复了正常的人性。

《董贝父子》中的董贝拥有社会的、商行的和家庭的很多职位,正是这些构成了他的悲剧人生。董贝是资本社会的一个资本家,享有比其他社会成员高的社会地位和威望,他傲慢、自大冷漠,可以无情地使用自己的权利。除此之外,他拥有一家大商行,在经济活动中占有中心位置,这使得他更加傲慢无比。再者,作为父权制社会中的一员,具有不可置疑的崇高地位,正是这些自以为是的资本使他成了一个被异化的人,一个资产阶级的无人性的人。"'董贝父子'商行经常做皮革生意,却从来不和人心打交道,商行把人心这种高雅货色,让给人间小儿女们,在寄宿学校里,或书本上去经营。"狄更斯讽刺性地描述了董贝被异化的生动形象:"他整洁光润、干净利落,像是新发行的钞票,经过一阵金钱雨的沐浴,显得益发挺括了。"面对涂德尔先生所表示出的害怕养不活自己的子女,董贝所显示出的是冷漠;面对第一任妻子的死亡,董贝只是觉得如同自己的杯盘、桌椅等日常家具里少了一件东西而已。作为资本家,董贝最大的资产便是"董贝父子"商行,他的思想和行为不能脱离该商行而独立存在,沦落为"董贝父子"商行的奴隶,成了一个"硬邦邦、不打弯儿的资本的化身"。与此同时,他屈从于金钱和权力,傲慢地认为他拥有"董贝父子"商行,也就拥有了无限的金钱和权力。可悲的是,他失去了自由,并被其带来的孤独消耗着生命,整天如囚徒一般待在他一楼的黑房间里。当商行破产后,他开始怀疑生命的意义,认为没有了商行、金钱和权力,他就失去了生活的希望和使命。

狄更斯善于用外部环境来渲染人物的内心世界。从节选部分董贝居所的环境描写,读者可以窥见董贝的个性。董贝府位于一条豪华街道的拐角处背阴的一面,"显得阴沉沉的。屋子有一大片地下室,一个个装铁栅的窗,好像对着室内瞪眼睛;通向垃圾箱的几扇玻璃门就像斗鸡眼似的向室内窥望"。居住在这个阴暗环境中的董贝先生,也如同环境一样,冷漠、阴沉、了无生机。作为董贝商行的拥有者,董贝相信金钱的话语权以及其在人际关系中所发挥的作用:金钱可以带来至高的社会地位、权力以及荣耀,并赢得他人的尊敬及顺从,甚至顶礼膜拜。在金钱的奴役下,董贝蔑视劳动人民,认为他与员工之间的关系只是冷漠的金钱关系,恰如他对他儿子的奶妈所说:"在我们的交易中,你不必对我的孩子依依不舍,我的孩子也不必对你依依不舍。我不指望、也不要求有这类感情。我指望和要求的恰恰相反。你在我家,不过是买卖、雇佣关系;将来离开了这里,就不要再来。孩子心上不再有你,请你也不要再惦记着孩子。"

董贝生活的年代是一个父权制社会。在此体系中,男人是一个家庭的决策者,在家庭中享有至高的权利和威望,女人是作为他者而存在的。男人主导了经济,是家中一切经济收入的来源,由此决定了他们在家庭的中心位置。董贝是"董贝父子"商行的老板,自然认为他的妻儿应该屈从于他。在这个屈从于有形物质的家长看来,商行的盈利高于一切,他自己和儿子的命运都是为其服务的。董贝夫人只不过是为该商行生产继承人的工具而已。在节选部分第一章中当小董贝出生后,名副其实的"董贝父子"商行让董贝变得温柔,竟然在称呼董贝太太时,加上了一个亲热的称呼:"董贝太太,我……我亲爱的。"由此可见,董贝所关注的并非产后奄奄一息的董贝太太而是"董贝父子"商行的继承人。董贝太太生死未卜之际,他却与妹妹谈天说地,毫不关心。董贝太太的去世,只是让他觉得"自己杯盘、桌椅等日用家具里,就此少了一件很有用、很舍不得丢失的东西。"在女儿弗洛伦斯的成长岁月里,董贝从未正眼看过一眼她,要是在外面大街上碰见自己的女儿,他都不认识。女儿对他来说,只不过是"一枚无法用于投资的劣币,一个顽劣不堪的败家子罢了"。董贝一心一意为儿子着想,巴不得儿子能够越过那些慢慢成长的过程,一下子就成人,好接任"董贝父子"商行的业务。还在小保罗儿时,董贝就给他灌输金钱的观念,告诉儿子说金钱是万能的:"你有了钱,人家就会尊重你,怕你,敬你,趋奉你,羡慕你,不论是谁,都觉得你有权力、有体面;就连你的寿命,也往往可以延长些。"董贝等不及儿子慢慢地长大,他过早地将儿子带入成人世界,他的这些揠苗助长的行为促使了小董贝的夭亡。

骄傲与自大是董贝形象中最为突出的特点。在作品开篇,董贝骄傲地认为:"上帝创造地球,为的是让'董贝父子商行'在上面做买卖;上帝创造太阳、月亮,为的是给商行照亮;上帝为了给商行船只航行之便,开辟了长河大海。虹霓为他们预报好气候;风是顺是逆,只意味着对商行事业的或损或益。沿着轨道运行的星辰,也不敢违背以商行为中心的宇宙规律。在董贝先生眼里,就连常用的简略字也具有仅仅与'董贝父子'相关的新鲜意义。譬如说 A. D. 就不是耶稣纪元的缩写,而是'董贝父子'纪元的缩写了。"弗罗姆说:"一个人只有用自己的脚独立行走的时候,才是独立的,只有在完全意识到自我的存在时,他才能用自己的脚独立行走。"董贝依附董贝商行而存在,并非独立的个体,被其所拥有的商行所异化。

　　董贝还骄傲地认为,任何一个女子,都应该以能嫁给他这样拥有财富的丈夫为荣。这尤其表现在他对其第二任妻子伊迪丝身上。他总以一种绝对的命令语气对伊迪丝讲话,让伊迪丝明白因为嫁给了他,从而提升了她的社会地位。在第四十章里,董贝以至高无上的权威向伊迪丝强调:"必须理解清楚,我是你必须敬重和服从的。必须在世人面前公开显示和明确表白对我的尊重。……考虑到我已经大大地提高了你的经济地位,作为回报,我必须对你提出这样的要求。""人的占有欲是无尽的,然而社会是无法无止境地满足人的欲望的。"伊迪丝并非传统观念中的"家中天使",她用同样的傲慢对董贝进行了有力的还击,她借助董贝最信任的助手卡克先生来打击董贝,最终,伊迪丝与卡克的私奔给了董贝致命的一击。

　　促使董贝人性回归的正是被他忽略的,不能用于投资的劣币女儿弗洛伦斯。在得知父亲的情况后,她前往探视,正好碰上董贝举刀刺向自己。女儿的出现及时阻止了董贝的自杀行为。尽管董贝一直忽略女儿的存在,但唯有女儿对他的爱没有变。弗洛伦斯是狄更斯理想价值的具体体现。要救赎被物质异化的人性,人们只有回归到"童年的状态,因为回归童年代表回归纯真,回归到一个用爱、慈悲、经历、毅力和好运救赎的世界"。小说中董贝的女儿心态一直处于童年的状态,永远拥有爱和感情。所以,小说结尾董贝被他女儿的爱和耐心所感化,终究获得人性的回归,实则就是他回归到人类最初纯真的童年状态,而这纯真的童年状态是董贝一直没有拥有过的。只有像弗洛伦斯那样永远保持纯真的爱与感情的人才不会被异化,不会为了追求物质利益而放弃人性,董贝恰恰需要那种种纯真的爱和感情。

(董淑铭)

大卫·考坡菲

作品提要

大卫·考坡菲是个遗腹子。凶恶贪婪的继父将大卫的母亲折磨致死后又将年幼的大卫送去做童工。大卫不堪在工厂忍受饥寒交迫的生活，独自一人出逃投靠姨婆。性格古怪但心地善良的姨婆收留了他，并资助他上学。在伦敦，大卫寄宿在姨婆的律师维克菲家，并与律师的女儿艾格妮成为好友。维克菲的书记希普是一个卑鄙险恶的人，他长期控制着年老、日渐糊涂的维克菲，还对艾格妮垂涎三尺。大卫毕业后在斯潘娄律师事务所当见习生，并以热烈诚挚的爱获得斯潘娄的女儿朵萝的芳心，与之成婚。此时姨婆突然破产，维克菲的事务所也完全被希普控制。大卫为支持大家庭的生活勤奋工作，逐渐在写作上取得成功。大卫逐渐掌握了希普阴谋的证据，帮助姨婆和维克菲收回财产。在家中，大卫深爱妻子，但朵萝天真幼稚、不谙世事，使大卫备感苦恼。不久，朵萝因重病早逝，好友艾格妮一直在精神上安慰鼓励大卫。此时，大卫才发现成熟智慧的艾格妮才是自己的理想伴侣。两人最终结合，过上幸福生活。

作品选录

到了约定的时间，我们来到她家的门口——在那一家里，几天以前，我还曾那样快活地待过；我还曾把我那种与人无猜的青年意气、热情洋溢的深厚友谊，那样随便地流露过；但是那一家，从那时候以后，却把我屏之门外了，那一家，现在对我说来，却成了满目荒凉的一片废墟了。

应门的并不是利提摩。我上一次在那儿的时候替代他的那个脸面可亲的女仆，出来给我们把门开开了，在前引路，把我们领到了客厅。史朵夫老太太正坐在客厅里。我们进了客厅以后，萝莎·达特从客厅的另一面，翩然走过来，站在史朵夫老太太的椅子后面。

我看史朵夫老太太脸上的样子，马上就猜出来，她已经从史朵夫本人那儿，知道了他的所作所为了。只见她的脸很苍白，那上面那种忧思深虑，远过于单凭我那封信所能引起的程度，何况她那种爱子之心，要使她对于我那封信上所说的话发生疑问，因而使我那封信更显得软弱无力呢。我认为，史朵夫老太太和她儿子相像的程度，没有比那时候更大的了；同时我也觉到，虽然并没看到，我的同伴，也觉出他们母子相像来了。

她腰板挺直地坐在带扶手的椅子上，威仪俨然，不动声色，冷落镇静，好像无论什么，都不能扰乱她似的。坡勾提先生站到她面前的时候，她用很坚定的眼光看着他。坡勾提先生也用十分坚定的眼光看着她。萝莎·达特犀利的眼光，就一下把我们全都看在眼里。有一会儿的工夫，没人开口。史朵夫老太太只用手一指，意思是要叫坡勾提先生坐下。坡勾提先生说："太太，在你家里，哪儿有我坐的道理。我顶好还是站着。"他说完了这句话，跟着又是一阵静默，于是史朵夫老太太才开口说：

"我是知道你为什么到我这儿来的，我非常抱歉。你对我有什么要求？你想叫我替你做什么？"

坡勾提先生把帽子夹在腋下，在胸口那儿摸了一下，把爱弥丽的信掏出来，展开了，递给了她。

"太太，请你看一看这封信。那是我外甥女儿亲笔写的！"

她以同样威仪俨然、冷落淡漠的态度把信看了一下——据我能看得出来的,信上的话,丝毫没使她感动——看完了,又把信还了坡勾提先生。

"她这儿说,除非他把我以阔太太的身份带回来,"坡勾提先生用手指头指着这句话说,"我到这儿来,太太,就是想要问一问,他这句话能不能算数?"

"不能。"史朵夫老太太答道。

"为什么不能?"坡勾提先生说道。

"办不到。那样一来,他就要有辱门楣了。难道你看不出,她的身份,比起他的来,离得太远了吗?"

"你可以把她的身份提高了啊!"坡勾提先生说。

"她没有教养,又愚昧无知。"

"也许她并不是那样;也许她是那样,"坡勾提先生说,"我可认为她不是那样,太太;不过,我当然没有资格,对这类事道短说长。你可以教育她,叫她提高啊!"

"我本来很不愿意把话说得太明白了,不过你既然非逼着我说不可,那我只好那样说了。先不管别的情况,只就她的亲戚这一层而论,这件事就办不得。"

"请你听我一句话,太太,"坡勾提先生安安静静、从容不迫地说,"你都怎么疼你的孩子,你是知道的。我都怎么疼我的孩子,我也知道。我这个外甥女儿,即便能顶我一千个亲生的孩子,那我疼她,也不能再厉害了。但是,你可不知道把孩子丢了是什么滋味儿。我可知道。要是全世界上的金银财宝都是我的,那我为了赎她回来,我可以把那份财宝,完全不要了! 你只要把她从这一次受的寒碜里救了出来,那她永远也不会因为我们受到寒碜。我们这些跟她住在一块儿的人,我们这些眼看她长大了的人,我们这些多年以来都把她当作了我们的命根子的人,从此以后,连一次不再看见她那可爱的小脸儿,都可以做得到。我们由着她去了,就心满意足了;我们把她看作仿佛她在天边外国,离我们很远,只心里老想着她,就心满意足了。我们只把她托给她的丈夫——也许把她托给她的孩子——再捱过时光,一直等到我们在上帝面前,一律平等的时候,就心满意足了。"

他这篇雄辩,粗鲁而有力量,并非绝无效果。史朵夫老太太,虽然仍旧保持了她那种骄傲态度,但是她回答他的时候,她的口气里,却含有一些柔和的意味:

"我并不作任何辩护。我也不作任何反击。不过我可很抱歉,不得不说那件事是办不到的。这样的婚姻,要无可挽救地把我儿子的事业毁了,把他的前途毁了。这件事,现在永远办不到,将来也永远办不到,没有比这一点再清楚的了。如果别的方面,有可以补偿的——"

"我正在这儿看着一张脸,"坡勾提先生用坚定而闪烁的眼光,打断了她的话头说,"这张脸,跟在我的家里,在我的炉旁,在我的船上——在所有的地方——看着我的那张脸,一模一样。那张脸看着我的时候,外面上笑嘻嘻的,再没有那么友善的了,骨子里可再没有那么险诈的了;我想到这一点,简直地要疯。现在有这张和那张脸相像的那个人,要是想到用钱来补偿我那个孩子所受的糟蹋、毁灭而可不发烧、不脸红,那这个人,也跟有那张险诈的脸那个人一样地坏。这张脸既然是一个女人的,那我觉得,还要更坏。"

她的脸色一下改变了。她的眉目之间,布满了发怒的红晕了。她用手紧紧抓住了椅子的扶手,用令人不耐的态度说:

"你们在我和我儿子之间,掘了这样一道深沟,把我们离间了,那你说什么能够补偿? 你疼你的孩子,比起我疼我的孩子来,又算得了什么? 你们的分离,比起我们的分离来,又算得了什么?"

达特小姐轻轻地碰了她一下,弯着头低声劝她,但是她却一句都不听。

"不要你说,萝莎,一个字都不要你说!让这个人听我说好啦!我这个儿子,我活着就是为的他,我每一种念头,就没有不是为他着想的,从他是小孩子的时候起,不论他要做什么,我就从来没有不满足他的时候,从他下生那一天起,我和他就从来没有是两个人的时候:我这样一个儿子,现在可一下跟一个一钱不值的女孩子跑到一块儿,而躲起我来了!现在可为了她,而用成套的骗术来报答我对他的信赖了,为了她而不要我了!他居然能为了这样一种可怜的一时之好而把他对他母亲应尽的职分,应有的疼爱、尊敬、感激,一概都不管了,其实这种种职分都是他这一辈子里每天、每时应该加强,一直到他和我的联系不论什么都打不破才是啊!你说他闹得这样对我,是不是我的损害?"

萝莎·达特又一次想要安慰她,但是又一次没发生效果。

"我说,萝莎,你不要说!要是他能为一个顶微不足道的东西就把他的一切都不顾了,那我能为更高大的目的,把我的一切都不顾了。他愿意到哪儿去就到哪儿去好啦;反正他有钱,因为我疼他,不能不给他钱。他想用长久在外、老不见我的办法来制伏我吗?要是他真想那样,那他可得说太不了解他这个妈了。要是他这阵儿就能把他这种痴情傻意放弃,那我就欢迎他回来。他要是这阵儿舍不得她,那他不论是死是活,都不能往我这儿来,只要我的手还会动弹,还能做出不许他来的手势,我都不许他来,除非他永远跟她脱离关系,卑躬屈膝地到我这儿来,求我饶恕他。这是我的权力。这是我要他承认的。我和他两个人之间的分歧,就在这儿。难道这个,"她仍旧用她开始的时候那种骄傲侮慢、令人难堪的态度看着那个来访的人,添了一句说,"不是对我的损害吗?"

我看着、听着这个母亲说这些话的时候,我好像听见而且看见那个儿子也在那儿顶撞她似的。所有我从前在他身上看到的那种刚愎自用,任情由性的精神,我现在在她身上也看到了。我对于他那种用得不当的精力所有的了解,也就是我对于她那种性格的了解。我还看了出来,她那种性格,在动力最强大那方面,跟她儿子的完全一样。

她现在又恢复了她原先的克制,对我高声说,再听下去,是没有用处的,再说下去,也是没有用处的。她请我们中止会谈。她带着高傲的态度,站起身来,要离开屋子;那时候坡勾提先生就表示,她不必那样。

"不要害怕我会拦挡你,我没有什么可说的了,太太,"他一面朝着门口走去,一面说,"我来的时候,本来就没抱什么希望,所以我走的时候,当然也不能抱什么希望。我只是把我认为我应该做的事做了就是了;不过我向来没希望过,在我这种地位上的人,还会有什么好处便宜可得。这一家子,对于我和我家的人,都太坏了,叫我没法心情正常,期望得到好处。"

我们就这样走了,把她撂在椅子旁边,看着跟一幅威仪俨然、面目端正的画一样。

我们出去的时候,得走过一道廊子,廊子地下铺着砖,顶儿和两边都安着玻璃,上面爬着一架葡萄。葡萄叶和葡萄梗,那时已经绿了。那天天气既然清朗,所以通到园子的两扇玻璃门正开着。我们走到那两扇玻璃门的时候,萝莎・达特轻轻悄悄地从门那儿进来了,对我发话道:

"你可真成,啊,"她说,"居然能把这样一个家伙带到这儿来!"

她满腔愤怒,一团鄙夷,都从她那两只乌黑的眼睛里闪烁发出,使她满脸显出一股阴沉之气;愤怒鄙夷那样集中的表现,即便在她那张脸上,我都想不到会真正出现。那一锤子砸的伤痕,明显露出,像她平素兴奋起来的时候那样。我瞅着她的时候,我从前看到的那种伤痕搏动的样子,现在又出现了,她举起手来,往伤痕上打。

"这个家伙,"她说,"真值得拥护,真值得带到这儿来,是不是? 你真称得起是个好样儿的!"

"达特小姐,"我回答她说,"我想你这个人,不会那样不讲公道,竟责备起我来啦吧!"

"那你为什么把这两个疯人,更加离间起来了哪?"她回答我说。"难道你不知道,他们两个,又任性,又骄傲,都成了疯子啦吗?"

"难道那是我叫他们那样的吗?"我回答她说。

"你叫他们那样的!"她反唇相讥说。"那你为什么把这个人带到这儿来?"

"他是个吃亏很大的人,达特小姐,"我答道,"那你也许不了解哪。"

"我只了解,"她说,一面把手放在胸口,好像要把那儿正在猖狂的狂风暴雨压伏,不让它嚣张起来似的,"捷姆斯·史朵夫的心坏透了,他那个人丝毫不讲信义。但是我对于这个家伙,对于他那个平平常常的外甥女儿,又何必了解,何必留意哪!"

"达特小姐,"我回答她说,"你这是把损害更加重了。损害已经够重的了。咱们在这次分别的时候,我只能说,你太欺侮人了。"

"我并没欺侮人,"她回答我说,"他们本是龌龊下贱、毫无价值的一伙。我恨不得拿鞭子抽她一顿!"

坡勾提先生一言未发,从旁边走过,出门去了。

"哦,可耻呀,达特小姐,可耻呀!"我义形于色地说,"他一个清白无辜的人,受到这样苦难,你怎么忍得还拿脚踩他哪!"

"我要把他们都踩在脚底下,"她回答我说,"我要把他的房子拆了,我要在她脸上烙上字,给她穿上破衣服,把她赶到大街上,叫她活活地饿死。如果我有权力,能坐堂审问她,那我就要叫人这样处治她。叫人处治她？我要亲手这样处治她。我憎恨她，嫌恶她。我要是能拿她这种不要脸的勾当，当面骂她一顿，那我不论得到哪儿，才能找到她，我都要去。即便我得追她，一直把她追到坟里，我也要追。如果她死的时候，还有一句话，她听了能得到安慰，而只有我能说那句话，那我也决不说，即便要了我的命，我也决不说。"

我感觉到，她说的话，虽然激烈，但是却只能微弱地传达她心里的愤怒。她全身都表现了她这种愤怒，虽然她的声音，不但没提高，反倒比平常日子放低了。我的描写，决不能把我现在记得她的情况传达出来，也不能把她当时那种怒火缠身、尽力发泄的情况，传达出来。我也看见过用各种不同的形式表达的愤怒，但是却从来没看见过用她那种形式表达的愤怒。

我赶上了坡勾提先生的时候，他正满腹心事地慢慢往山下走去。我刚一来到他身旁，他就告诉我，说他原来打算在伦敦做的事，他已经做了，他这件事已经不用再挂在心上了，所以他预备当天晚上就上路。我问他打算到哪儿去，他只回答我说，"我要去找我的外甥女儿，少爷。"

我们一块儿回到了杂货铺上面那个寓所，在那儿，我抓了个机会，把他对我说的话对坡勾提说了一遍。她回答我的时候，也告诉我，说他那天早晨，也对她说过同样的话。至于他要往哪儿去，她也跟我一样，并不知道。不过她想，他心里也许多少有个谱儿。

在这种情况下，我可就不愿意离开他了，因此我们三个人一块儿用的午饭，吃的是牛肉扒饼——这是坡勾提许多出名拿手菜之中的一种——我记得，在这一次，这个牛肉扒饼的味道，还很稀奇地掺杂着从楼下的铺子里不断地冒到楼上来的茶、咖啡、黄油、火腿、干酪、新面包、劈柴、蜡和核桃汁各种味道。吃过正餐以后，我们在窗前坐了有一个钟头左右，没谈多少话。于是坡勾提先生站起身来，把他那个油布袋子和粗手杖拿过来,放在桌子上。

他从他妹妹的现款里,取了一笔为数不多的钱,算是他继承所得的一部分;那笔钱,我认为,都不够他维持一个月的生活。他答应我,说他不管遇到什么情况,都要写信给我;跟着他把袋子挎在身上,把帽子和手杖拿在手里,跟我们两个告了别。

"亲爱的妹妹,我祝你多福如意,"他拥抱了坡勾提说,"我也祝你多福如意,卫少爷!"他跟我握手说。"我要走遍天涯海角,去找我的外甥女儿。要是我不在家的时候,她就回来了——不过,啊,那是不大会有的事! ——再不,要是我能把她找回来,那我打算把她带到没有人能责备她的地方去过活,一直过到死。要是我遇到什么不幸,那你们记住了,可要替我告诉她,就说我对她最后的一句话是:我对那个我疼爱的孩子,还是跟从前一样地疼爱。我宽恕了她了!"

他说这句话的时候,是脱了帽子,态度郑重的。他说完了,才把帽子戴在头上,下楼去了。我们跟着他到了门口那儿。那时天色傍晚,气候和暖,尘土飞扬,在那个小巷通着的大街两旁,本来边道上川流不息地人来人往,那时稍有停顿,同时西下的夕阳,正红光映射。他一个人从我们那条阴暗的街上拐角的地方,转到阳光中去了,一会儿就在阳光中看不见了。

每逢这种黄昏时光又来到了的时候,每逢我夜里醒来的时候,每逢我看到月亮、看到星星、看到落雨、听到风声的时候,我就很少不想起他那种长途始登、踽踽独行的影子,我就很少不想起他那句话:

"我要到天涯海角,去找我的外甥女儿。要是我遇到不幸,那你们千万别忘了,可要替我告诉她,就说我最后对她的话是:我对于我这个疼爱的孩子,始终不变,仍旧疼爱。我宽恕了她了!"

(张谷若 译)

| 赏　析 |

在小说《大卫·考坡菲》中,作者狄更斯以自己的生活经历为蓝本叙述了主人公大卫历经各种苦难和艰辛,凭借不懈努力和辛勤工作最终获得事业成功和幸福生活的历程,深刻揭露了资本主义社会中的黑暗残酷、人情冷漠、阶级压迫等丑陋现象,生动描摹了围绕在大卫身边的众多小人物形象。这些和大卫同属一个阶层或更底层的小人物个个栩栩如生,个性鲜明。在他们的身上倾注了狄更斯所有的情感和希望。

节选的篇章描述了两个家长为了儿女的婚姻而产生的一场正面冲突。这是整部小说中为数不多的正面冲突之一,也是作者对不公正现实的批判和揭露最直接、最清晰的体现。与此同时,狄更斯对人物细致入微、立体化的描写又能让我们从中体会到他惯有的人道主义温情和循循善诱的道德情感。

这场冲突的一方——坡勾提先生是一个生活在社会最底层的小人物。他是大卫保姆的哥哥,一个穷苦的渔夫。他的家只是海边的一艘废弃的渔船。出海捕鱼是他和他的家人最重要的生活来源;冲突的另一方——史朵夫老太太是大卫的同学、曾经的好友花花公子史朵夫的母亲。史朵夫老太太虽不是大富大贵,但她和她的家人属于有产者,无需劳动即可衣食无忧,属于上层社会的资产阶级。这场冲突的起因是史朵夫诱骗了坡勾提先生的养女——美丽天真的爱弥丽与他私奔。爱女心切的坡勾提先生向史朵夫老太太提出接纳爱弥丽为儿媳,并给予家庭平等地位的请求。表面上看,这场冲突只是两位家长为儿女的爱情婚姻而产生的矛盾,但实际上却带着深刻的社会意义。因为冲突双方的身份地位有天壤之别,要求承认事实婚姻,进而要求获得家庭地位平等,无异于要求抹杀两大对立阶级之间不可逾越的鸿沟,因此从一开始就注定了这场冲突不会有妥善解决的结果。在史朵夫老太太眼中,爱弥丽是一个"没有教养,又愚昧无知"的"一钱不值的女孩子"。她对爱弥丽身份的低下毫不讳言,"她的身份,比起他的来,离得太远了"。接受爱弥丽不仅"有辱门楣",而且"要无可挽救地把我儿子的事业毁了,把他的前途毁了"。史朵夫老太太对这场冲突的解决办法是用金钱做补偿。对此,坡勾提先生进行了勇敢的指责:史朵夫老太太和她的儿子一样拥有"友善的"外表,但"骨子里再没有那么险诈的了",因为这只能使爱弥丽落入更糟糕的境地。坡勾提的反击引起了史朵夫老太太更大的愤怒,于是双方各执一端,唇枪舌剑,你来我往。各方的性格、秉性也在激烈的争辩中展现无遗。

　　狄更斯通过细致入微的描写,将史朵夫老太太的高傲、冷漠、残酷表现得淋漓尽致。她接见坡勾提先生时,"腰板挺直地坐在带扶手的椅子上,威仪俨然,不动声色,冷落镇静,好像无论什么,都不能扰乱她似的"。她不请坡勾提先生坐,"只用手一指"示意,始终保持着上等人的优越感。她冷漠无情,面对爱弥丽出走前留下的信,"以同样威仪俨然、冷落淡漠的态度把信看了一下","信上的话,丝毫没使她感动"。她对爱弥丽的评价更是言语直白,毫不留情。受到坡勾提先生的指责后,她无视事实真相,颠倒是非,把所有的罪责都加到了爱弥丽头上。她不仅断然拒绝了坡勾提的请求,并且还决定同自己的儿子断绝关系。她甚至发下毒誓,"他要是这阵儿舍不得她,那他不论是死是活,都不能往我这儿来,只要我的手还会动弹,还能做出不许他来的手势,我都不许他来,除非他永远跟她脱离关系,卑躬屈膝地到我这儿来,求我饶恕他"。在史朵夫老太太的心中,她的家庭尊严、社会地位远比母子之情更重要。

　　与史朵夫老太太形成鲜明对照的是品德高尚、心地善良的坡勾提先生。他以行善为乐,凭一己之力同时收养了爱弥丽和汉这两个孤儿。朋友的遗孀格米治太太虽然性格脾气古怪,坡勾提先生仍然收留了她并时常安慰她。爱弥丽被诱骗走上迷途后,坡勾提先生没有丝毫的责备,而是拿出极大的勇气来恳求史朵夫老太太。为了使爱弥丽有美好的未来,他甚至

"从此以后,连一次不再看见她那可爱的小脸儿,都可以做得到",尽管他"这些多年以来都把她当作了我们的命根子"。请求被冷酷地拒绝了之后,坡勾提先生毅然决然地踏上了寻找爱弥丽的漫漫之路。哪怕要走遍天涯海角,哪怕要付出自己的生命,他仍然说道:"我对我这个疼爱的孩子,始终不变,仍旧疼爱。我宽恕了她了!"在狄更斯的作品中善良的人总有一个美好的结局,坡勾提先生也不例外。他最终找到了爱弥丽,并且和她一起移居海外,获得了安宁舒适的生活和内心的平静。因为在狄更斯看来,一个人如果拥有高尚的道德和善良的心灵,只要他不断追求就一定能找到幸福。狄更斯在坡勾提先生身上寄托着他真诚的愿望,他希望善良高尚的人能够善始善终,好心得到好报,进而影响社会,改变社会。

狄更斯是塑造人物的大师。在他的笔下,人物形象总是个性鲜明,丰富饱满。这完全得益于狄更斯细致入微的全方位描写。在节选的片断中,坡勾提先生身上的高尚品质值得人敬佩,然而他毕竟只是一个没有接受过什么教育,地位低下的渔夫。当他向史朵夫老太太请求时,他"用手指头指着这句话说,'我到这儿来,太太,就是想要问一问,他这句话能不能算数?'"而他的雄辩,狄更斯形容为"粗鲁而有力量,并非绝无效果"。狄更斯为他安排了简单而直接,甚至略带点粗鲁的言语。这样的描写不仅充分表露了坡勾提先生急切的心情,也更符合他这个人物的身份和形象。一个失去了心爱孩子的粗鲁渔夫形象活画在读者眼前。粗鲁的坡勾提先生让我们敬佩他的坚毅和勇敢,但狄更斯并没有把他塑造成一个无畏的革命者。虽然他在史朵夫老太太面前眼中始终闪着"坚定的眼光",然而他却说道:"太太,在你家里,哪儿有我坐的道理。我顶好还是站着。"坡勾提先生对自己普通劳动者的低下身份有很深的认同感,因此遭遇史朵夫老太太的傲慢态度也是理所应当的。走出史朵夫府时,坡勾提先生显然听到了达特小姐对他和爱弥丽的侮辱,然而他却"一言未发,从旁边走过,出门去了"。狄更斯没有向读者展示坡勾提先生本应有的愤怒,而是让我们看到了一个不自觉地、无奈地接受社会不公正的喏喏的渔夫。

　　另一方面，史朵夫老太太的傲慢、冷漠与残酷固然让人愤恨，然而，从细节处我们又不禁对她生出一丝怜悯和同情。史朵夫老太太表面上态度傲慢，但是"她的脸很苍白"，带着"忧思深虑"。毕竟她心爱的儿子也离她远去了。听完坡勾提先生的雄辩后，她的态度是骄傲的，她的拒绝是冰冷的，但是"她的口气里，却含有一些柔和的意味"。因为同为父母，爱子的心是相通的。史朵夫老太太最残酷之处莫过于她要与自己的儿子断绝关系，然而，她却不断反问这难道"不是对我的损害吗"？"什么能够补偿"？史朵夫老太太冷漠的外表下隐藏着深深的母爱。出于门第的压力，她不得不做出和儿子断绝关系的决定，但她同时也不得不独自默默忍受失去儿子的痛苦。

　　狄更斯写出了善良的坡勾提先生懦弱的一面，那是因为在狄更斯的理解中，坡勾提先生的史朵夫府之行并不是什么抗争，因为他"本来就没抱什么希望"，完全只是爱女心切。同时，狄更斯赋予冷酷的史朵夫老太太温柔的母爱，同样也是出于道德情感的考虑。狄更斯用坡勾提先生博大的爱来反衬史朵夫老太太，同时也想唤醒她心底的母爱。虽然他失败了，然而坡勾提先生身上所体现的高尚道德和善良心灵正是狄更斯希望传达给读者的。

（陈　启）

艰难时世

作品提要

信奉"事实教育"的议员葛擂硬用他的"事实理论"去教育他的小葛擂

硬们,大女儿露意莎接受父亲的教育,把婚姻当作"事实",嫁给了一个比她大30岁、她根本不爱的焦煤镇工业家兼银行家庞得贝,一生未尝幸福滋味。他的大儿子汤玛士,脱离家庭的管教后,成了一个彻头彻尾的流氓、痞子,因盗窃银行又嫁祸他人,事情败露后不得不逃到海外,年纪轻轻就客死他乡。庞得贝则是个不惜以贬低自己身世来夸耀自己"创业能力"的资本家代表,他无数次在大众面前撒下弥天大谎,说自己是被母亲遗弃的孤儿,还受到外祖母的虐待,最后老底被揭穿,遭人唾弃。马戏团"小丑"的女儿西丝,一个不通"事实"的孩子,倒成了拯救葛擂硬家庭的天使。最后,葛擂硬认识到自己的错误,回归了温情脉脉的家庭,庞得贝则暴死街头。

| 作品选录 |

第一章　唯一必需的东西

"告诉你吧,我要求的就是事实。除掉事实之外,不要教给这些男孩子和女孩子其他的东西。只有事实才是生活中最需要的。除此之外,什么都不要培植,一切都该连根拔掉。要锻炼有理性的动物的智力就得用事实:任何别的东西对他们都全无用处。这就是我教养我自己孩子们的时候所遵守的原则,也就是我用来教养这些孩子的原则。要抓紧事实不放,老师!"

这是一间不漂亮、没有什么陈设、单调的拱形教室,讲话的人说完一句话之后,便用他那方形的食指在那位教师的袖子上横划一下以加强他的语气。讲话的人那四四方方像一堵墙壁般的额头也在帮助他加强语气,而他的双眉就是那堵墙的墙根,同时,他的眼睛找到了两个为墙所遮蔽着的、宽绰深暗的窟窿作为藏身之所。讲话的人那又阔又薄而又硬邦邦的嘴巴,也在帮助他加强语气。讲话的人那无转弯余地的、枯燥的、专横的声音，也在帮助他加强语气。讲话的人的头发同样地在帮助他加强语气，它们竖立在他那秃头的边缘，好像一排枞树，挡住了风，使它不致吹到那光溜溜的脑袋上来，而那秃头的外表凹凹凸凸像葡萄干馅儿饼上的硬皮一般，这颗脑袋似乎也没有足够的地方来储藏那些生硬的事实。讲话的人的顽强姿态，四四方方的外衣，四四方方的腿干，四四方方的肩膀，——不仅此也，甚至于像顽强的事实一般练就来紧紧掐住他喉咙的那条领带——这一切都在帮助他来加强语气。

"在生活当中，除掉事实，我们不需要别的东西，老师；不要别的，只要事实！"

这个讲话的人同一个教师，以及另外一个成年人，都略微向后退了一步，用他们的目光扫射着当时在那儿有秩序地排列在斜坡形地板上的一些小罐子①，准备把无数法定加仑的事实灌进去，直到灌满得要溢出来为止。

第三章　一个漏洞

葛擂硬先生怀着一种相当满意的心情，从学校走回家去。这是他的学校，他立意使它成为一个模范学校。他立意要使在这里的孩子们都成为模范——就如同所有的小葛擂硬都是模范一般。

一共有五个小葛擂硬，每一个都是模范。他们从童稚时代起就受着训诫，像野兔似的被追来赶去。几乎在他们刚刚不要人牵能独自走的时候，就立刻被赶到教室里面去。在他们的联想中第一件东西，或者说是他们记得起来的第一件东西，就是一块大黑板，旁边站着一个枯燥无味的"妖魔"用粉笔在上面画了一些白色的鬼鬼怪怪的数字。

这并不是说，他们知道"妖魔"这个名称或者他的性质，以及任何有关"妖魔"的事情。但愿事实禁止他们知道！我不过用这个词儿来表明一个在像碉堡一样的课堂里讲课的那个怪物,这个怪物的头,老天爷晓得,是多少个头并拢成为一个的,他俘虏了孩子们的童年,抓住了头发,把它拖到充满了统计数字的阴暗洞窟中去。

没有一个小葛擂硬曾经看见过月亮里的人脸;在他话还说不清楚之前,他已经熟悉了月亮的一切。没有一个小葛擂硬学过那无聊的歌谣:"眨眼的、眨眼的小星星,你究竟是什么,引起了我的好奇心!"没有一个小葛擂硬曾经对这种事情发生过惊奇,每一个小葛擂硬在五岁的时候已经能解剖大熊就跟欧文教授解剖动物差不多②,能够驾驶"查理士的车子"③赛过一个开火车头的司机。没有一个小葛擂硬曾经把田野中的牛跟儿歌中的那只有名的、歪角牛联想在一起,那只牛曾经用角挑起一只狗,狗又咬过一只猫,猫又咬死过一只老鼠,老鼠又偷吃过麦芽;也不会把它跟那只更驰名的曾经吞下大拇指汤姆④的牛联想在一起:他们从没有听见过这些脚色,只听说过牛是有几个胃囊的反刍的四足动物。

葛擂硬先生迈步走向那名叫石屋的,他那"事实之家"去。在他未建造石屋之前,事实上他已经不做五金批发生意了,现在正想找一个适当的机会在议会中显一显他的算术天才。石屋建筑在一片荒野上,离开一个大镇——在现有的可靠的旅行指南上,叫做焦煤镇——约有一两英里路远。

石屋在郊外,形状异常整齐。在四周的景色中,它好像是一个决不让步的事实,一点儿都不打扮,或者使自己的色彩变得更悦目一些。这座很大的、四四方方的房子,有一条阴暗的门廊遮住了它正面的窗户,正如同房主人的浓眉遮蔽了他的眼睛一样。这是一座经过预算、核算、决算和验算而造成的房子。大门的这边有六个窗户,大门的那边也有六个窗户;这一厢的窗户总数是十二个,那一厢的窗户总数仍然是十二个;加起来,恰好是二十四个。一片草地,一个花园,和一条林荫小路都是直条条的,好像一本用植物编成了格子的账簿。煤气与通风设备,排水管与自来水管,一切都是用最上等的材料做成的。铁夹板、铁梁桁,房子从上到下都有防火的设备;机器升降机是为那些带着扫帚与板刷的女仆们而设的;所有心里想得到的东西,这里都应有尽有。

所有的东西都应有尽有吗?是的,我想来也是如此。那些小葛擂硬也有一些贮藏各种科学标本的柜子。他们有一个小小的贝壳标本柜,一个小小的陈列着金属的标本柜和一个小小的矿物标本柜,所有的标本都排列得好好的,加上标签,那些小块小块的石头和金属,看起来都是用那些硬邦邦的器具——其名称就是它们的那些咬舌头的专门名词——从原来的物体上敲了下来的;同时,我们可以把那无聊的传说中彼得·派拍(这传说中的人物是不会跑到他们的育儿室中去的)的语言略加改变来引用一下:如果这些贪得无厌的小葛擂硬掌握得比这些更多的话,那么,老天爷呀,这些贪得无厌的小葛擂硬所掌握的又是些什么东西呢?

他们的父亲带着一种充满了希望与踌躇满志的心情向前走去。照他自己的说法,他也算得一位慈父,但是,假如他像西丝·朱浦一般,被指名来下个定义的话,他可能还要管自己叫做一个"异常实际"的父亲。他对"异常实际"这类字眼感到无比的骄傲,因为这类字眼特别适合于他。在焦煤镇任何一个公共集会中,不管集会的内容如何,总有几位焦煤镇的居民会利用这个机会来谈到他们的那位"异常实际"的朋友葛擂硬先生的。这常常使得这位"异常实际"的朋友感到高兴。他知道这是他所应得的称号,而这个称号是为大众所公认的。

当他的两耳为音乐的声音所侵扰的时候,他已经走到了市郊的一个中间地带。这儿既不是镇,又不是乡,但是镇乡所有的缺点它都具备了。在一个木头亭子里,那个马戏团的乐队正在锣鼓喧天地奏着乐。一面旗子,在那矗立得像庙堂一般的木亭的顶尖上飘扬着,对全世界宣称:这就是史里锐马戏团,欢迎大众参观。史里锐自己站在那儿,像是一座嵌在早期的哥特式教堂墙龛里的近代雕像,肘边有一个钱箱,他正在那儿收钱。正如那些印好了的又窄又长的招贴纸所宣称的:节目开始的时候,约瑟芬·史里锐小姐就出了场,现时正以其轻盈之姿态来表演梯诺里地方的马上花枝舞。在其他许多悦目惊心、但是绝对富有道德意味、非亲眼看见不能相信的节目中,朱浦先生在那天下午准备"带他那训练有素、会耍把戏的狗巧腿儿上场献技,以博观众一粲"。他还预备表演"空前绝后之惊人奇技:反手将七十五枚百磅重的弹丸连续不断,上下抛掷,宛如铁流一道,直射空中。此一空前节目之演出,经常博得观众热烈的采声,使他无法退场"。这位朱浦先生还预备"随时插入若干极其典雅、带有莎士比亚作风的逗哏和打诨,为本团五花八门之表演增色"。最后,他还要在结束时表演他那最拿手的脚色——图里街的威廉·布顿先生,这就是新奇而可笑的马上戏剧裁缝往勃润特福之旅行中主角的名字。

汤玛士·葛擂硬先生自然不会注意到这些无聊的事情,他只顾保持着一个讲究实际的人应有的风度走了过去,把那些嘈杂得像虫豸一样微贱的人从思想上甩开,或者把他们送到改造所去。但是,路一转弯,他来到了马戏场的后面,那儿正有许许多多的孩子聚集在一起偷偷摸摸,争前恐后地偷看着那隐藏在里面的奇观。

他不禁停住了脚步说:"嗯,不料这班走江湖的,居然会把一个模范学校里的小流氓们吸引了来!"

在他和小流氓们之间,有一块长满了杂草、堆满了垃圾的空地。他从背心里掏出了眼镜看一看有没有他叫得出名字的孩子,以便命令他走开。明摆在眼面前的,几乎是一个令人不能相信的现象,他看到的不是别人,正是他自己的那个对冶金学最有兴趣的露意莎,她正在聚精会神地从一块松板上的小洞眼向里面偷看;还有他自己的那个精通数学的汤玛士,也正在自轻自贱地趴在地上,他所能看到的只是那优美的梯诺里地方的马上花枝舞的马腿!

葛擂硬先生差不多惊讶得说不出话来了,穿到那个辱没了他的家风的地方,两只手同时落在那两个犯了错误的孩子的身上,叫道:

"露意莎!! 汤玛士!!"

这两个孩子都吓得站了起来,满脸绯红,惊惶失措。但是,露意莎却比汤玛士较有勇气地看着她的父亲。真的,汤玛士就连看也不敢看,只是让自己像机器一样地被拖回家去。

"为了好奇、懒惰,还是愚蠢! 你们究竟在这儿干吗?"葛擂硬先生说,一手抓了一个就走。

"要看看马戏是什么样子。"露意莎直截了当地回答道。

"看看是什么样子?"

"是的,父亲。"

这时他们俩都表现着极不高兴的样子,特别是那个女孩子;但是,在她脸上那种不满意的表情之中,还透露出了另外一种神气,仿佛是一道光,却没有东西可以照,一星火,却没有东西可以烧,一种如饥似渴的幻想勉强把它的生命维持着,这种神气使得她面部的表情呈现出异彩。这不是兴高采烈的青年人所应有的光彩,而是动摇不定的、热望的、带有疑惧的闪光,这闪光之中似乎有着痛苦存在,很像瞎子在摸索道路的时候面部表情的变化一般。

她父亲看着她的时候就这样想:她现在还是个十五六岁的女孩子,但不久就要变为一个成年的妇女了。她长得漂亮。要不是她所受的教养好（他用他的异常实际的观点想道），她就会任性胡为了。

"汤玛士，虽然事实放在我的眼前，但是我很难相信，像你这样有教育、有修养的人，竟然会带你的姐姐到这样一个地方来。"

"是我带他来的，父亲，"露意莎连忙说，"是我邀他来的。"

"这句话真叫我听了寒心。我听你这么说实在寒心。这并不能表明汤玛士更好，只能表明你更坏，露意莎。"

她又瞟了她父亲一眼，但是并没有流泪。

"你们！ 汤玛士和你，科学的大门是为你们打开着的；汤玛士和你，可以说都是掌握了丰富的事实的人；汤玛士和你，都是受过数学训练的人；汤玛士和你，唉！"葛擂硬先生大叫道，"会自甘堕落到这个地步！ 真令我莫名其妙。"

"我感到厌倦，父亲。很久以来，我就感到厌倦了。"露意莎说。

"厌倦？ 厌倦什么？"那个吃了一惊的父亲问道。

"我不知道厌倦什么——我想，是对什么都厌倦吧。"

"不许再说了，"葛擂硬先生说，"你太孩子气了。我也不愿再听下去。"他也不再说什么，他们默默无言地走了约有半英里路，他才一本正经地开口说道："你的最好的朋友们会怎样说呵，露意莎？ 难道说他们对你的好感都是不足重视的吗？ 庞得贝先生会怎样说呢？"

提到这个名字的时候，他的女儿偷偷地瞟了他一眼，眼光强烈锐利得惊人。他可一点也没有注意到，因为在他看她之前，她的眼皮又垂下去了！

他接着重说了一遍："庞得贝先生要怎样说呢？"当他非常生气地押着两个犯过错的人一路回到石屋去的时候，他频频地重说着："庞得贝先生会怎样说呢？"——似乎庞得贝先生就是格龙底太太⑤。

第五章　主调音

庞得贝和葛擂硬两位先生正要前往的焦煤镇，是事实的一个胜利；它跟葛擂硬太太一样，丝毫没有沾染上幻想。在我们继续演奏我们的调子之前，让我们先把那主调音——焦煤镇——奏一下。

这是个一色红砖房的市镇，那就是说，要是烟和灰能够允许这些砖保持红色的话；但是，事实摆在面前，这个镇却是一片不自然的红色与黑色，像生番所涂抹的花脸一般。

这是个到处都是机器和高耸的烟囱的市镇，无穷无尽长蛇似的浓烟，一直不停地从烟囱里冒出来，怎么也直不起身来。镇上有一条黑色的水渠，还有一条河，这里面的水被气味难闻的染料冲成深紫色，许多庞大的建筑物上面开满了窗户，里面整天只听到嘎啦嘎啦的颤动声响，蒸汽机上的活塞单调地移上移下，就像一个患了忧郁症的大象的头。镇上有好几条大街，看起来条条都是一个样子，还有许多小巷也是彼此相同，那儿的居民也几乎个个相似，他们同时进，同时出，走在同样的人行道上，发出同样的脚步声音，他们做同样的工作，而且，对于他们，今天跟昨天和明天毫无区别，今年跟去年和明年也是一样。

焦煤镇的这些特点，大抵和它借以维持市面繁荣的企业是分不开的；可以跟这些特点对比的是，这里有许多生活中的享受品，它们是走遍全世界都可以找到的；这里又有许多使生活变为高雅的东西，我们不必问，这些东西有多大部分是造成贵妇人的条件，而这些贵妇人也就是不乐意听到别人提起这个地方的人。这个镇的其他特点都是它故意造成的，下面就要一一说到。

焦煤镇除了单纯的、有实际用处的东西而外，是没有其他的东西的。如果某一个教派的信徒们要在那儿建筑一个教堂——已有十八个教派的教徒在那儿建筑了教堂——他们就会同样地把它造成一个以敬神为名的红砖堆栈，只是有些时候(只有特别讲究的教堂才有这种情形)在教堂顶上装一个鸟笼式的东西，把钟挂在里面。唯一例外的就是新教堂；这是一所涂着灰泥的大厦，门头上有一个方形的钟阁，四周有四个小尖角，就像雕着花的桌子腿一般。镇上所有的匾额和招牌都一律漆上黑白分明的字。监狱可能就是医院，医院可能就是监狱，而镇公所说不定就是那二者中的一个，或者既是监狱又是医院，或者是其他，虽然在他们的建筑上各有一些装饰品以示区别。这个镇，在物质方面，四处所表现出来的都是事实、事实、事实；在精神方面，四处所表现出来的，也都是事实、事实、事实。那个麦却孔掐孩学校就完全是事实，那个美术工艺设计学校也完全是事实，而雇主与受雇人之间的关系也都是事实，从产科医院到坟墓，全是事实，唯有不能够用数字来说明或证明的，或者不能在最便宜的市场中买进，又在最贵的市场中卖出的东西，才永远不是，也永远绝不应该是事实。阿门！

这样的一个镇，它把事实奉为神圣，而且把这个信条得意洋洋地表现了出来，自然弄得很好吧？唉，不然，并不很好。不然吗？天爷爷呀！

可不是。从各方面来讲，焦煤镇并不像是从自己的炉子里炼出来的真金，不怕火来烧。第一，这个地方最不可解的谜就是，究竟是些什么人属于那十八个教派？因为，不管谁属于这些教派，起码绝对不会是那些工人。星期天早晨你打街道上走过的时候，就会觉得非常奇怪，礼拜堂的钟在狠命地敲着，有病的人与神经脆弱的人听了简直要发疯，可是没有什么工人被这钟声吸引了去，他们依然在自己住的地方，呆在不通风的屋子里，或者在街道的角落里没精打采地闲逛着，眼睁睁地瞧着别人到礼拜堂去做礼拜，仿佛做礼拜这件事与他们毫不相干似的。不仅是外面来的人注意到这件事，就是焦煤镇当地的居民也有那么一个团体在注意这件事。每一季,它的会员们总要在下议院愤怒地请求议会制定法令,强迫这班人信仰宗教。另外还有一个禁酒会总是抱怨这班人整天酗酒,并且用图表说明的确如此,又在开茶会的时候证明:不管用人力或凭神力(除掉用颁发奖章的办法外)都没法诱导他们戒除酗酒的习惯。还有那些配药品的人和卖药品的人又用另一些图表来说明,这些人不喝酒就吸鸦片。后来一个有经验的监狱里的牧师用更多的、比前面所说的那些还要出色的图表,来说明这班人常常到那些秘密的、不容易被大众发现的下流场所去,听下流的歌,看下流的舞,或者自己去参加歌舞;有一个明年就要满二十四岁,却已被判了十八个月的单独监禁的人,他自己就说过(虽然这个人的话从来就不十分可信),他的堕落生活就是从那些地方开始的;他十拿九稳地认为,要不是那样,他一定会成为一个模范的人物。另外还有葛擂硬和庞得贝两位先生,这两位异常实际的绅士此刻正在焦煤镇上走着,他们根据个人的观察与体验随时提供更多的图表,并且用耳闻目睹的事例来证明这同样的论点。他俩所提供的图表很明显地说明——简单地说,他们的说明也是从这些情况中得出来的唯一的明显不过的结论,那就是这班人实在是糟糕透顶了,先生们;不管你们为他们做了些什么,他们是不会表示感谢的,先生们;他们是不守本分的,先生们;他们从不知道他们需要的是什么;他们过着挺好的生活,买的是新鲜牛油;总是非买阿拉伯的摩卡咖啡不可,除掉最好的肉,任何坏肉都不肯买;可是他们还永远那样地不满足和难于驾驭。简单地说,这倒很合乎一首古老的儿歌中的寓意:

> 昔日有个老太婆,你道她如何?
> 整天无忧又无虑,有吃又有喝;
> 喝了又吃吃了喝,过得真快活,

　　但是这个老太婆,还是直罗嗦。

　　我有个疑问:焦煤镇居民的这种情况跟这些小葛擂硬的情况,是否可能有什么类似的地方呢? 当然,在今日之下,我们这些神志清醒和掌握了数字的人难道还要别人来告诉我们,焦煤镇工人生活中最需要的一件东西,是几十年来就一贯地被抹煞了吗? 难道还要别人来告诉我们,在他们当中有一些幻想要求在健康正常的情况下发泄出来,而不是在痛苦万状中想挣扎出来吗? 事实的确如此,他们越是在工作冗长而单调的时候,就越是渴望能得到一点休息——舒畅一下,使精神活泼起来,劲头大起来,有一个发泄的机会——希望有一个公认的假期,在动人的乐队演奏之下好好地来跳一跳舞——间或吃点好吃的东西,连麦却孔掐孩也不能让他染指;除非自然的规律完全可以作废,要不然,他们的这种欲望必须得到充分的满足,否则,就不可避免地会弄出乱子来。

　　"这个人住在囊底街,可是我不大清楚这条街在哪儿,"葛擂硬先生说,"究竟在哪儿,庞得贝?"

　　庞得贝先生只知道这地方在镇的那一头,此外一无所知,所以他们就停下脚来东张西望。

　　正当他们这样做的时候,有一个葛擂硬先生一看就认得出的女孩子,脸上带着惊骇的表情转过街头跑来了。"喂!"他说,"站住! 你上哪儿去? 站住!"于是第二十号女学生就站了下来,喘着气向他行了个屈膝礼。

　　"你为什么在街上这样胡奔乱跑?"葛擂硬先生说。

　　"我——有人追我,老爷,"女孩子喘着气回答,"我想逃跑。"

　　"有人追你?"葛擂硬先生照样说了一遍,"什么人会追你?"

　　出乎意料之外,这个问题立时就有人来为她解答,那就是那个面无血色的毕周,他没料想到人行道上会有什么障碍物,绕过街角便直冲过来,竟和葛擂硬先生撞个满怀,结果却把他自己直撞到马路上去了。

"你这是什么意思,孩子?"葛擂硬先生说,"你在做什么? 你怎敢这样来撞——任何人?"

毕周捡起了他那顶被撞下来的帽子,退后一步,用指节摸了一下头,为自己辩护说,是出于无意。

"是不是这个男孩子在追你,朱浦?"葛擂硬先生问道。

"是的,老爷。"那个女孩子勉勉强强地说。

"没有,我原来没有追她,老爷!"毕周叫道。"她想逃开我,我才追她。但是,马戏班里的人一向就是想说什么就说什么的,老爷;他们是出名地乱说乱讲的人。您知道马戏班里的人是出名地想说什么就说什么的。"他看着西丝说道。"这件事全镇的人都知道,正如同——老爷,正如同马戏班里的人不知道九九表一样。"毕周试试用这种话来打动葛擂硬先生。

"他装了鬼脸吓唬我。"女孩子说。

"呵!"毕周叫道,"呵! 你和他们是一样的! 你也是马戏班的戏子! 我看都不曾看她,老爷。我只是问她明天准备怎样给马来下定义,而预备再告诉她一遍,可是她就跑了,我就追她,老爷,为的是叫她知道,下次问到的时候应该怎样回答。你如果不是马戏班里的人,就不会想到要说这些鬼话!"

"他们好像都很清楚她的行当似的,"庞得贝先生说,"在一个星期之内,全校学生就会排队去偷看马戏了。"

"的确,我想会如此的,"他的朋友回答说,"毕周,你转身回家去吧。朱浦,在这儿等一等。你这男孩子,要是再有人告诉我你这样乱跑,我就会去告诉你的校长的。我的意思你该明白了,走吧。"

那个男孩子的眼皮立刻停止了眨动,又用指节摸了一下额头,瞟了西丝一眼,转身跑开了。

"好吧,小姑娘,"葛擂硬先生说,"领这位先生和我到你父亲那儿去;我们正要到那儿去。你拿着的瓶子里面装的是些什么?"

"杜松子酒。"庞得贝说。

"哎呀,不是的,老板! 是九合油。"

"什么?"庞得贝先生大声问道。

"九合油,老板。揉我父亲用的。"于是,庞得贝先生就哈哈大笑了一声说道:"干什么鬼,要用九合油来揉你的父亲?"

"这是我们那些人在马戏场受伤的时候常用的东西,"这个女孩子回答说,她朝后看了一看,是不是追她的人已经走开了,"有时候,他们把自己摔伤得很厉害。"

"活该,"庞得贝先生说,"好吃懒做。"

她向他的脸上瞟了一眼,露出了惊惧交集的表情。

"天知道!"庞得贝先生说,"在我比你还要小个四五岁的时候,我受的伤更厉害,就是十合油,二十合油,四十合油都揉不好。我不是拉把势拉伤了的,而是挨揍挨伤了的。我是不会走绳的,但是绳子却打得我在地上跳来蹦去。"

葛擂硬先生的心肠虽然很硬,但他并不是像庞得贝先生那样粗鲁的人。他的性格归根到底不能算是不仁慈;要是在多年以前,他在他那性格账簿上出了大错的话,那么老实说他可能还要更慈祥一些。当他们走到一条窄马路上时,他就用一种想叫她放心的声调说:"这就是囊底街了吧,是不是,朱浦?"

"对啦,老爷,而且——要是您不嫌弃的话,老爷——这就是我们住的地方。"

在朦胧的暮色之中,她在一个小酒店门前停了下来,从那儿射出了暗淡的红色灯光。这个酒店是龌龊破烂不堪,仿佛好久无人光顾,所以自己也就喝起酒来,以致走上了酒鬼们所走的道路,快到了尽头似的。

"老爷,只要穿过酒排间上楼就是,如果你们不嫌弃的话,就在这儿等一等,让我拿枝蜡烛来。要是你们听到狗叫,老爷,那就是巧腿儿,它只会叫不会咬人的。"

"巧腿儿和九合油,哈!"庞得贝先生最末了走进去,发出了他那破锣一般的笑声说,"像我这样一个白手起家的人跑到这儿来,真是妙哉乎也!"

（全增嘏　胡文淑　译）

注 释

① 小罐子,指当时坐在地板上的男女孩子们。

② 欧文教授(Professor Richard Owen),1804 年生,1892 年卒,是当时有名的生理学与解剖学教授。

③ 查理士的车子(Charles's Wain)即大熊星座的俗名。

④ 大拇指汤姆(Tom Thumb)是 1621 年理查·约翰逊(Richard Johnson)所著《大拇指汤姆的故事》(History of Tom Thumb)中的主角,只有大拇指大小。

⑤ 格龙底太太(Mrs. Grundy)为摩尔顿(Morton)所著的《快把犁》(Speed the plough)古剧中的一个农妇的名字,现在用为爱说闲话的人的代称。因此英文中有句成语:"格龙底太太会怎样说你?"(What will Mrs. Grundy say?)

赏 析

假如规定课堂上每天只有算术、公理、公式,"胸闷"的恐怕不仅仅是学生;假如生活中除了工作、吃饭等"实事"而不去做任何带色彩的、让人喜怒哀乐的"非实在的事",人活着有何乐趣可言?狄更斯笔下却就有一个只"忠实于事实"的人物——《艰难时世》中让读者看过就不易忘记的葛擂硬先生,一个奉行"事实哲学"的"杰出代表"。他认为"只有事实才是生活中最需要的。除此之外,什么都不要培植,一切都该连根拔掉。要锻炼有理性的动物的智力就得用事实:任何别的东西对他们(学生)都全无用处"。他主张完全抛弃"幻想"、把万事万物归结为"一个数字问题,一个简单的算术问题"。这个口口声声说着"事实"的货色展现在狄更斯画板上,是一个穿着"四四方方的外衣",有着"四四方方的额头,四四方方的肩膀,四四方方的食指,四四方方的腿干"的漫画形象,这让人容易联想到那些通过精确计算拼接而成的、只会按照命令去操纵执行"实际事务"的机器人。这个以"事实"为信条并身体力行、欲把"事实"进行到底的艺术形象实在值得大书特书一番。

塑造葛擂硬这个一百多年来让人津津乐道的鲜活形象,狄更斯除了进行形神兼备的肖像描写外,还对他独特的语言、思想、行为作了进一步的展示和剖析。在他建造的"石屋"(教室)里,"形状异常整齐","单调的拱形教室""一点儿都不打扮,或者使自己的色彩变得更悦目一些",他"不做五金批发生意了,现在正想找一个适当的机会在议会中显一显他的算术天才",他对别人给他的"异常实际"的称号感到无比地骄傲。走在焦煤镇郊区马戏团附近,葛擂硬在人声鼎沸中"只顾保持着一个讲究实际的人应有的风度"走着,"把那些嘈杂得像虫豸一样微贱的人从思想上甩开,或者把他们送到改造所去"。他所做的一切都是为了他的"事实理论",并让这个理论发扬光大。言语中,处处显示着他把事实放在第一位的决心和恒心。第一章开头的那段具有"建设性"意见的发言,寥寥几句话竟然用了五个"事实"。

为了比较全面、细致地刻画作品中的人物个性特征,重复是作者常用的方法之一,通过重复来强调、凸显人物某方面的特点、癖好。狄更斯在描述葛擂硬时就运用了大量的重复手法。比如,说话时,葛擂硬已经习惯性地离不了"事实"二字,时刻都在重复这个词。为了强调他的"事实"的重要性,给老师作"指示"时,他"那无转弯余地的、枯燥的、专横的声音",他那"四四方方像一堵墙壁般的额头","又阔又薄而又硬邦邦的嘴巴","竖立在他那秃头的边缘"的头发,"紧紧掐住他喉咙的那条领带"都在帮助他加强语气,他还"用他那方形的食指在那位教师的袖子上横划一下以加强他的语气"。为了突出葛擂硬不遗余力地强调他的事实教育的重要性,狄更斯连着用了外形、表情、衣着等六个"加强他的语气"的手段。似乎不加强语气,"事实"的理论就没法灌输给那个"授业"的老师,当然就不能达到他把这个理论灌输给学生的目的。谈到朋友对葛擂硬的称号时,作者重复使用了五个"异常实际"。在焦煤镇巡视时,偶然看见他那些受过"事实"教育的"石屋"里的孩子在偷看"跟事实无关"的马戏表演,他用了四个"汤玛士和你"来表达他对儿子汤玛士和女儿露意莎的不满,为他的"事实教育"灌输的不到位懊恼不已。描述焦煤镇和在镇上工作的工人们的生活时,作者重复用了大量表示相同、相似的词语:"一个样子","彼此相同","个个相似","同时进,同时出,走在同样的人行道上,发出同样的脚步声音,他们做同样的工作","今天跟昨天和明天毫无区别,今年跟去年和明年也是一样"。说明在工业化的背景下,城镇的样子,工人的生活,都类型化了,流水线上的工人们也都麻木了,就像摆在大家面前的"事实"一样:没有希望,没有明天。

《艰难时世》中的另一个主要人物是庞得贝。本篇节选的三章中对庞得贝描述不多,主要是通过语言来刻画的。"言为心声",尽管只有简短的一些言辞,但其粗鲁、固执、绝情的特点已有所显示。比如他看见西丝拿着九合油要为她父亲揉擦,因为父亲在马戏团表演时受伤了,庞得贝竟说"活该",说她父亲是"好吃懒做"才会那样。还不失时机地说起他的"辛酸过去",显示他的"艰苦创业史","我是不会走绳的,但是绳子却打得我在地上跳来蹦去","像我这样一个白手起家的人跑到这儿来,真是妙哉乎也!"可见他的虚伪和冷酷。

如果葛擂硬和庞得贝是狄更斯从"形象"上对资产阶级的功利主义所作的出色的讽刺,对焦煤镇——代表事实的一个胜利品——进行浓墨重彩的描写,则是从"色彩"的角度表达了他对资产阶层为了自身利益对民众的压迫、欺凌的痛恨,对下层劳动人民的同情,以及对机械生产带来的恶劣影响的厌恶。焦煤镇是大工业生产推行后城镇的一个缩影,一个象征。"这是个到处都是机器和高耸的烟囱的市镇,无穷无尽长蛇似的浓烟,一直不停地从烟囱里冒出来,怎么也直不起身来。镇上有一条黑色的水渠,还有一条河,这里面的水被气味难闻的染料冲成深紫色……"整个焦煤镇笼罩在一片烟熏火燎的黑色中。在工业主义的大旗下,大城市早已被开发殆尽,昔日风景秀丽的小镇,也不可能逃脱被开发、被消耗,走向衰败,变成废墟的命运;连同焦煤镇一起变得单调、沉闷、丑陋的还有人的灵魂。狄更斯把黑灰色调作为事件的主要发生地——焦煤镇的主调音,也为葛擂硬、庞得贝的功利主义的破产和工业主义的颠覆吹响了前奏。

小说通过对比,让人进一步认识到"只要事实"的功利主义的毒害。完全是"事实"的麦却孔掐孩学校是葛擂硬的"模范学校",是经过"预算、核算、决算和验算而造成的房子",被灌进了"无数法定加仑的事实",学校的学生从"童稚时代起就受着训诫",这里生活富足,"所有心里想得到的东西,这里都应有尽有"。作为比较的史里锐马戏团则设在"一个木头亭子里",马戏团成员表演的是跟"事实"毫不相干的"惊人奇技",但"绝对富有道德意味",马戏团的表演者必须通过自己的努力演出才能养家糊口,还要时刻担心技艺不受欢迎时被炒鱿鱼。出乎意料的是,条件差异如此大的两个场所跟它所受的欢迎程度居然成反比,马戏团经常博得观众热烈的喝彩声,许许多多的孩子聚集在一起偷偷摸摸,争前恐后地偷看着那隐藏在里面的奇观,这些孩子中包括在"事实"中长大的葛擂硬的女儿露意莎和儿子汤玛士。麦却孔掐孩学校的孩子却已对学校所教的"事实""感到厌倦",甚至"对什么都厌倦"。"事实教育"让露意莎一生未尝幸福滋味,汤玛士则走向堕落,年纪轻轻就客死他乡。比周,本来是葛擂硬的得意弟子,最后成了加害汤玛士的助手。马戏团里不受"事实"束缚的西丝·朱浦成了拯救葛擂硬家庭的天使,关键时刻帮助葛擂硬的也正是马戏团的史里锐先生。同样推崇"事实理论"的葛擂硬和庞得贝,后来的结果并不一样。经历了一系列的不幸后,葛擂硬彻底抛弃了原先那套他认为放之四海而皆准的原则,回到了温情脉脉的家庭生活中。无情、绝情的功利小人庞得贝最终暴毙街头。葛擂硬和庞得贝的不同结局揭穿了功利主义者借"事实"之名为自己谋利的谎言,否定了其存在的必要性。

(谢书英)

双城记

| 作品提要 |

18世纪后期,法国资产阶级革命正如火如荼地进行着,巴黎陷入"恐怖时期"。一个多云的月夜,马内特医生被几个陌生人专横地"请到"一家乡间宅邸救治一对受伤的农家姐弟。弟弟的诉说让医生了解到:姐姐横遭宅邸主人艾弗勒蒙德侯爵兄弟的蹂躏,他为了救姐姐也被侯爵兄弟刺成重伤。姐弟两人因救治无效相继死去。尽管侯爵兄弟警告马内特医生不许声张,但心怀正义的医生还是向朝廷揭发了侯爵家族的暴行。结果侯爵勾结朝廷,把马内特医生投进了巴士底监狱,一关就是十八年。其间他的妻子忧郁而死,自己也精神失常。在特尔森银行职员洛里先生的帮助下,医生回到伦敦。后经女儿露西及家人、朋友的悉心照料,医生逐渐康复。在伦敦,露西与法国小伙达奈相识相爱并幸福结合。达奈是艾弗勒蒙德侯爵的侄子,他为自己家族过去的罪恶感到痛苦,主动放弃自己的贵族称号和安逸生活,只身来到英国自食其力。在法国,酒店老板得法日夫妇怀着对贵族的仇恨,积极策动暴动。得法日太太,就是当年被侯爵害死的农家姐弟的妹妹,无时无刻不在编织记录罪恶的名字,她由一位神勇的女革命家逐渐变成一个丧心病狂的报复者,一个可怕的嗜血魔,后来在一场搏斗中手枪走火自毙。革命爆发后,达奈冒着生命危险去巴黎营救侯爵家的一个无辜仆人时身陷图圄,并被判处死刑。关键时刻,一位爱慕露西的英国人西德尔·卡顿利用自己与达奈长得相像的特点进入狱中,救出了达奈,自己则上了断头台。

| 作品选录 |

第一部　起死回生
第一章　时代

　　那是最好的年月,那是最坏的年月,那是智慧的时代,那是愚蠢的时代,那是信仰的新纪元,那是怀疑的新纪元,那是光明的季节,那是黑暗的季节,那是希望的春天,那是绝望的冬天,我们将拥有一切,我们将一无所有,我们直接上天堂,我们直接下地狱——简言之,那个时代跟现代十分相似,甚至当年有些大发议论的权威人士都坚持认为,无论说那一时代好也罢,坏也罢,只有用最高比较级,才能接受。

　　那时,高踞英国宝座的,是一位大下巴国王,和一位面貌平常的王后;高踞法国宝座的,是一位大下巴国王,和一位美貌的王后。①在这两个国家那些掌管国家聚敛财物的禁区的王公大臣看来,江山稳定,万世不易,是再明白不过的。

那是纪元一千七百七十五年,在那蒙受恩惠的时代,如同现代一样,英国也获得神的启示。②索思科特夫人③最近已过了二十五岁诞辰,虽然近卫军中有一名当兵的预言家,在宣告伦敦和威斯敏斯特官将遭灭顶之灾时,即预报了她的法驾降世。公鸡巷的鬼魂,像刚过去这一年的鬼魂敲出它们的信息(在通灵的手法上缺少独创性)那样,敲出它的信息之后被驱除,也不过十二年整。④最近由美洲英国臣民代表大会⑤传给英国君民的仅仅是人间事态的信息:说来也奇怪,对于人类来说,这一信息竟比通过公鸡巷那一窝里任何小鸡所得到的任何信息更重要。

法国,总的来说,虽然在降神通灵上不如她的手持盾牌和三叉戟的姊妹⑥那样受惠,却一边造纸币一边挥霍,极为顺利地走着下坡路。此外,法国在她的教士们的指导下,以做这等慈善功德为乐,诸如判处一个青年砍掉两手,用钳子拔掉他的舌头,然后将他的身体活活烧死,因为他看到一队肮脏的修道士在离他五六十码远的地方经过,当时正下着雨,未向他们下跪致敬。很可能,当这个受害者被处死时,那些生长在法国和挪威的森林中的树木,已经被"命运之神"伐木人作了记号,准备砍下来锯成木板,做成一种装有一个袋子和一把刀子,在历史上引起恐怖的活动架子⑦。很可能,就在这一天,有些粗糙的大车停在巴黎郊区一些劳苦的农家简陋的棚子里遮风避雨,车身溅满农村的污泥,猪在周围呼哧呼哧转来转去,鸡在上面栖息,"死神"农民已将这些大车留作大革命时押送死刑犯的囚车。这位伐木人和这位农民,虽然在不停地工作,默默地工作,还没人听见,因为他们都轻手轻脚走动:尤其因为只要怀疑他们没睡觉,就被认为是在搞无神论和叛逆活动。

在英国,几乎谈不上有什么社会治安和人身保障,可以证明国家那样自吹自擂有多大道理。即使在首都,每天晚上都发生手持武器的歹徒明目张胆的盗窃,拦路抢劫等案件;甚至有人公开警告住户,如离境外出,务须将家具运往家具店仓库,以确保安全;有人在晚上做强盗,白天在城里做买卖,后来,他以"头目"的身份拦劫他的同行,被认出来,受到质问,他英勇地开枪打穿同行的脑袋,就骑马跑了;有七个强盗拦截一辆邮车,被警卫打死三个,"由于弹药不足",警卫自己也被另外四个强盗打死:之后,邮车便平静地被抢劫;有个强盗竟在特恩汉草地上强迫显赫人物伦敦市长老爷站住,交出钱财,当着他的随从的面,把这位名人抢光;伦敦一些监狱的犯人跟看守打起来,这些法律的最高权威用装了弹药的大口径霰弹枪向他们开枪;小偷竟在朝廷的客厅里剪去显贵们脖子上的钻石十字架;火枪兵闯进圣·吉尔斯教堂去查走私货,暴民向火枪兵开枪,火枪兵也向暴民开枪;然而,无论哪一件案子,人们都不认为太越轨。在发生这些案子之际,一向很忙碌然而总是无益有害的绞刑手,更是忙个不停,时而绞死一长排一长排各种各样的罪犯;时而在星期六绞死一个在星期二抓住的侵入私宅的抢劫犯,时而在新门监狱烙成打的犯人的手;时而在威斯特敏斯特议会厅门口烧小册子[⑧];今天处死一个罪大恶极的凶手,明天处死一个可怜的小偷,因为抢了一个农民的小孩六个便士。

这些事件,以及许许多多诸如此类的事件,都发生在那令人怀念的一千七百七十五年。在发生这些事件之际,那两个大下巴,还有另外两个面貌平常和美貌的人物迈着引起惊动的脚步,用高压手段维持他们的神圣权利,一边,那个伐木人和那个农民也在进行工作,不为人注意。一千七百七十五年便这样引导着他们的丰功伟绩,以及千百万小人物——这部历史的人物也在其中——沿着展现在他们前面的条条道路前进。

第二章　邮车

　　十一月下旬一个星期五的晚上,展现在与这部历史有关的人物当中第一个人面前的,是去多佛的路。当开往多佛的邮车吃力地爬上射手山时,在他看来,好像多佛路伸展在多佛邮车的另一边。他跟其他乘客一样在邮车旁踩着烂泥往上走;他们倒不是因为在这种情况下对散步活动有丝毫兴趣,而是因为,上山,挽具,烂泥,以及邮车,拉起来太沉重,那几匹马已经在路上停了三次,还有一次把车往横里拉,要造反,竟想拉回黑荒原。但是,由驾驭功夫,鞭子,车夫和警卫联合行动,宣读了禁止别有用心的强烈支持认为有些畜生也有理性的论调那条军规;于是那几匹马不再较劲,继续拉车上路。

　　它们耷拉着脑袋,抖动着尾巴,吃力地踩着烂泥走着,有时跌跌撞撞打个趔趄,好像它们身上较大的关节都散了架似的。每当车夫让它们歇歇脚,小心地叫着"吁,吁",它们停下来时,左边那匹头马便使劲地摆摆头和头上的一切东西——好像一匹异常坚决的马否认能把马车拉上山似的。那匹头马一发出这种响声,乘客就吃一惊,紧张的乘客往往如此,于是心神不安。

　　整个凹地,山谷一片雾气腾腾,雾气凄凉地缓缓升上山坡,好像一个恶鬼,想歇歇脚又找不到歇处似的。粘呼呼的冰凉的雾气,在空中慢慢飘动,泛起明显可见的一个接一个又相互弥漫的微波,一片于健康有害的海水泛起的波浪往往像这样。大雾浓得挡住马车灯的光,只能照见雾缓慢飘动,和前面几码远的路;劳累的马冒出的热气,也融入雾中,仿佛这大雾就是它们造成的。

除这位乘客外,还有两位也跟在车旁,吃力地往上走。这三位浑身裹得严严实实,连颧骨、耳朵都遮住了,都穿着长统靴。他们三位谁也无法凭自己所见说出另外两个人的样子。各人几乎都裹得那么严实,既不让另外两位同车的肉体的眼睛,也不让他们心灵的眼睛看见。那年头,出门人都怀有戒心,不敢轻易信任别人,因为路上的人谁都可能是强盗,或强盗的同伙。至于后者,因为每个驿站和酒店都可能有人受雇于"头目",很可能从店老板到小伙计,什么不三不四的人都有,非常可能。一千七百七十五年十一月那个星期五晚上,当多佛邮车吃力地慢慢上山时,车上的警卫站在车后他的专座上,心里就捉摸这些事,一边用脚拍打着,一直留神照看着他面前的武器箱,还把一只手放在上面,箱里上面一层摆着一支装好弹药的大口径霰弹枪,下面摆着六支或八支装好弹药的马枪,一把短弯刀垫底。

多佛邮车仍像平常那样和谐:警卫怀疑乘客,乘客互相怀疑,也怀疑警卫,大家都怀疑别人,而车夫只信得过那几匹马;说到这些牲口,他可以凭那两部《圣经》问心无愧地发誓说,它们不适宜拉这趟车。

"吁!"车夫吆喝道,"得!再加把劲就到山顶,该死的,把你赶上山让我费老劲了! ——乔!"

"唉!"警卫答道。

"几点啦,乔?"

"十一点刚过十分。"

"真他妈的!"着急的车夫突然叫道,"这时候还没到山顶? 咳!走吧!"

那匹倔强的马挨了一鞭,却拗着性子偏不听话,突然停了一下,才又坚决地使劲往山顶爬去,另外三匹马也紧紧跟上。于是多佛邮车再次挣扎着赶路,乘客穿着长统靴跟在车旁踩着烂泥走着。马车一停,他们也停下来,始终靠近马车。要是他们三个人当中有人胆敢向另一个提出再往前走几步,进入大雾和黑暗之中,他正好去送死,会被看作强盗,马上挨一枪。

最后加的这把劲,终于把邮车拉上山顶。马匹又停下来歇口气,警卫也下了车,将制动器卡住车轮,准备下坡,接着打开车门让乘客上车。

"嗨! 乔!"车夫用警告的口气叫道,一边从他的座位上往山下瞧。

"你看有什么情况,汤姆?"

他俩注意听着。

"我看有一匹马慢跑上来啦,乔。"

"我看有一匹马在飞跑呢,汤姆,"警卫答道,放开把住车门的手,敏捷地登上他的岗位。"先生们! 凭国王的名义,全体上车!"

他匆匆发过话之后,搬起霰弹枪的枪机,摆好防卫的架势。

这部历史所记载的这位乘客,登上踏板正要进去;另外两位乘客紧跟在他后面,也正要跟着进去。他停在踏板上,半身在车内,半身在车外;那两位还在他下面的路上。他们看看车夫又看看警卫,又看看车夫,一边注意倾听。车夫往后瞧着,警卫往后瞧着,连那匹倔强的头马也毫无异议地竖起耳朵往后瞧着。

晚上很安静,颠颠簸簸隆隆作响的邮车一停下来,显得更静,真是静极了。马喘气引起车身抖动,仿佛邮车也惴惴不安。乘客们的心怦怦直跳,也许都能听得见;总之,这安静的片刻把人们的喘气、屏息和由于期待加快了的心跳,都清晰可闻地表达出来。

只听得一匹疾驰的马飞奔上山。

"吁!"警卫放开嗓门吼叫道,"喂! 站住! 我要开枪啦!"

马蹄声突然放慢,随着一阵深一脚浅一脚的踩水声,有人在雾中喊道,"是多佛邮车吗?"

"你甭管什么车!"警卫驳斥道,"你是什么人?"

"是多佛邮车吗?"

"你打听它干吗?"

"如果是,我要找一个乘客。"

"哪个乘客?"

"贾维斯·洛里先生。"

本书所记载的这位乘客马上表示,那就是他的名字。警卫,车夫,以及另外两位乘客都怀疑地瞧着他。

"呆着别动,"警卫向雾中的喊声叫道,"因为,要是我犯了错误,就没法在你活着的时候改正。叫洛里的先生,马上回答。"

"什么事?"于是那位乘客用微微发颤的声调问道,"谁找我? 是杰里吗?"

("我不喜欢杰里的嗓子,要是他是杰里,"警卫自言自语咕哝道,"他那么沙声沙气,真难听,太沙哑了。")

"是的,洛里先生。"

"什么事?"

"那边有个急件送给你。特公司的。"

"我认识这个信差,警卫。"洛里先生说着,从车上下来——另外那两个乘客忙不迭在后面扶了他一把,而不是出于礼貌,因为他们马上抢着上了车,关上车门,拉上窗子。"他可以过来;没有问题。"

"希望没问题,不过我可没有那么大的把握,"警卫口气生硬地自言自语,"喂!"

"怎么啦! 喂!"杰里比刚才更沙哑地说道。

"慢慢骑过来;听见没有? 要是你那个马鞍上有手枪套,别把手靠近它。因为,我这人最容易犯错误,一犯错误,就是枪子儿出膛。那么,让我瞧瞧你。"

一个人骑着马的影子慢慢穿过旋卷的雾气，来到车旁那位乘客站的那一边。骑马的人俯下身子，一边翻眼看了看警卫，一边交给那位乘客一张折叠的小纸条。他的马喘着气，马和骑马的人，从马蹄到他的帽子满是泥。

"警卫！"那位乘客以办事沉着自信的口气说道。

右手握着扳起枪机的霰弹枪的枪托，左手握着枪筒，正留神提防的警卫，简短地应道："先生。"

"没有什么可担心的。我在特尔森银行工作。你一定知道伦敦特尔森银行。我去巴黎办事。给一克朗酒钱。我可以看看这封信吗？"

"要是这样，就请尽快看，先生。"

他就在那边的车灯的灯光下打开信看——先自己默念，接着出声念道："'在多佛等候小姐。'你瞧，并不长，警卫。杰里，你说我的答复是，起死回生。"

骑在马上的杰里吃了一惊。"这回答也太出奇了。"他用最沙哑的声音说道。

"你带回这个口信，他们就知道我收到信了，跟我写了回信一样，尽快赶回去。晚安。"

说罢，他打开车门，上了车；同车的乘客谁也没扶他一把，因为他们急忙把手表、钱袋藏在靴子里，这时都装着睡觉。这不过是怕招致某种行动，避免出事罢了。

邮车又隆隆地上路，下坡时邮车笼罩在一圈一圈更浓的雾中。警卫随即把枪放进武器箱，在查看了箱里其他的东西，查看了他皮带上带的备用手枪之后，再查看他座位下一个较小的箱子，箱里有几件铁匠工具，两个火把，和一个火绒盒。他就是准备得那么齐全，以备不时之需，如果车灯灭了,或被大风刮灭了,这是常有的事,他只要关在里边,用火石火镰打火时离干草远一点,就能在五分钟之内(如果运气好)较为安全从容地点上火。

"汤姆?"从车顶上传来轻轻的声音。

"唉,乔!"

"你听见那口信吗?"

"听见了,乔。"

"你听出什么意思没有,汤姆?"

"一点也听不懂,乔。"

"也真巧,"警卫沉思着说道,"我也听不懂。"

只剩下杰里一个人呆在大雾和黑暗中时,他下了马,不仅仅为了让他那精疲力竭的马轻松一下,也为了擦掉脸上的泥,抖掉帽檐上的雨水,那帽檐可能装了大约半加仑水。他把缰绳搭在沾满泥的胳膊上,等到听不见车轮的响声,夜晚又恢复宁静之后,才转身朝山下走去。

"从圣殿门⑨跑这一趟,老太婆,我可信不过你的前腿,把你牵到平地再骑吧,"嗓子沙哑的信差看了一眼他的母马说道,"'起死回生'。这口信真怪。这种事跟你可不对劲,杰里!要是起死回生时兴起来,我说,杰里,你的日子就难过了!⑩"

第三章　夜的阴影

这事仔细想想,也真不可思议:每个人,对别人来说,生来就是个秘密,那么深奥,不可思议。

每当我夜间进入大城市,总引起严肃的思考:那黑漆漆一片房屋当中,每家都包藏着自己的秘密;每家的每间屋里都包藏着自己的秘密;住在那里的千万人的胸怀中每颗跳动的心,它的某些幻想,即使对跟它最亲近的心,也是一个秘密! 发生可怕的事情,甚至死亡,都与此有关! 我再也不能翻看我喜爱的这本珍贵的书了,我还徒劳地希望有一天把它看完。我再也见不到这片深不可测的水域的深处,我曾经凭借偶然照进水中的闪光,看了看埋藏在水下的珍宝和其他东西。这本书我才看了一页,它注定要突然阖上,永远,永远阖上。当光亮照耀在水面上,我还一无所知地站在岸边时,这片水域注定了要封锁在永恒的冰冻之中。我的朋友死了,我的邻居死了,我的爱人,我最心爱的人,死了;一死就无情地把始终藏在那个人心中的秘密,封得更坚固,永远不为人所知,我也要将我的秘密终生藏在我的心中。就个人最深的内心来说,难道我认为我所经过的城里任何墓地的长眠者,比城里忙碌的居民更难理解,或者,城里的居民认为那些长眠者比我更难理解?

就这一秘密,这位骑在马上的信差天生的不可转让的遗产而论,他所有的,跟国王,首相,或伦敦最富的商人的完全一样。关在隆隆行驶的旧驿车的狭窄车厢里的三位乘客也是如此;他们就像各人都坐在自己的六匹马,或六十匹马拉的马车里,相隔一郡之遥那样,彼此完全不理解。

这位信差骑着马以不急不慢的小跑往回赶,经常停下来到路边的酒店喝酒,不过,显得有点神神秘秘的,老让帽子扣在眼睛上面翘着。他那双眼睛,跟这一装饰很相配,因为表面也是黑的,无论颜色或形状,都没有深度,而且靠得太近——好像那双眼睛害怕隔得太远,会让人看出它们各看各的。因为戴一顶像三角痰盂似的旧三角帽,下面围一条用来围下巴和脖子的大围巾,几乎拖到膝盖,显得那双眼睛很凶险。他停下来喝酒时,只是在用右手灌酒那会儿才用左手把围巾撩开,一灌完又围上。

"不行,杰里,不行!"信差骑着马又唠叨这件事,"这事对你不合适,

杰里。你一个本分的买卖人,杰里,这跟你干的那一行可不对劲!起
死——! 我看他不是喝多了,我就该死!"

这口信让他那么作难,他不得不几次脱下帽子搔搔头。除了那块
硌硌棱棱的秃顶而外,他长了一头又硬又黑的头发,参差不齐地扎煞
着,而且几乎长到他那狮子鼻上。那头发很像铁匠打出来的,尤其像安
上结实的倒刺的墙头,而不像头发,即使玩"跳背"游戏玩得最好的人,
也会认为从他身上跳过去最危险,不肯跟他玩。

他要把这口信送到圣殿门附近特尔森银行大门旁交给在岗亭中值
夜班的人,再由他交给银行里更大的主管;他带着这口信往回赶时,夜
的阴影,在他看来,显现出由那口信引起的形象,在那匹母马看来,则显
现出由它自己感到不安的事引起的形象。那些形象似乎很多,因为它
在路上一看见阴影就避开。

这时,邮车载着三位同样不可理解的乘客,在它那单调沉闷的旅途
上轰轰隆隆,吱吱嘎嘎,颠来簸去地行驶着。同样地,在他们看来那夜
的阴影也显现出他们那蒙眬的睡眼和胡思乱想所暗示的形象。

于是邮车里出现了特尔森银行挤兑的景象。这位干银行的乘客把
一只胳膊套进皮带挽住,只要马车颠得特别厉害,这皮带可以尽力防止
他撞到旁边的乘客身上,或把他推到角落里;他这样坐在他的座位上半
闭着眼睛打瞌睡时,那小车窗,马车灯透进车窗的暗淡灯光,坐在对面
的乘客那一大堆身躯,都变成了银行,业务十分繁忙。挽具的吱嘎声变
成银钱的叮当声,而且在五分钟内所承兑的汇票,甚至比特尔森银行在
十五分钟内所承兑的汇票还多,尽管特尔森银行在国内外有许多户头。
接着,特尔森银行的地下保险库房展现在他眼前,各库房保存着这位乘
客所知道的贵重财物和秘密文件(而且很熟悉它们的情况),他带着一
串大钥匙,拿着火光微弱的蜡烛,走进各间库房,发现它们还是跟上次

看见它们时那样安全,牢靠,安静。

尽管银行几乎总是在他跟前,邮车(乱哄哄的,像服了鸦片酊还感到痛那样)总是在他跟前,但是,那晚上还有通宵都没有停止流动的源源不断的印象。他正要去把一个人从坟墓里挖出来。

这时,他面前显现出许许多多张脸,其中究竟哪一张脸是被埋葬者的脸,夜的阴影并未表明;但是,这些都是一个四十五岁的人的脸,不同之处,主要在于各自的表情,在于各自瘦骨嶙峋的可怕形态。它们一个接着一个显现出来,或高傲,或轻蔑,或反抗,或倔强,或驯服,或哀伤;也各显其不同程度的深陷的脸颊,死灰的肤色,干枯的手和指头,但面貌大体上还是一样,而且全都过早地白了头。这位打瞌睡的乘客向这个鬼影问了上百次:

"埋了多久啦?"

回答始终一样:"差不多十八年了。"

"你已经放弃了让人挖出来的希望了吧?"

"早放弃了。"

"你知道你已活过来了?"

"别人都这么跟我说。"

"我希望你愿意活着吧?"

"很难说。"

"可以带她来见你吗? 你能去见她吗?"

对这一问题的回答都不相同,又自相矛盾。有时,那断断续续的回答是,"等一等! 要是我过早见到她,会要我的命。"有时,那回答是,不断流下温情的眼泪,接着说,"带我去见她。"有时,那回答是,瞪着眼睛感到困惑,接着说,"我不认识她。我不明白。"

经过这一番想象的交谈,这位乘客又会在想象中挖起来,挖呀,挖呀,一会用铲子,一会用一把大钥匙,一会用手——要挖出那个可怜人。他终于被挖出来,脸上、头发上都沾着泥土,他会突然化为尘埃。接着,这位乘客会惊醒,放下窗子,让脸接触雾和雨的现实。

然而,即使他睁眼瞧着雾和雨,瞧着车灯照射的那块移动的光亮,和一下一下往后退的路边的树篱,车外的阴影仍会在车内形成连续不断的阴影。圣殿门附近的真实的银行楼房,昨天做的真实的生意,真实的保险库房,送给他的真实的急件和真实的回信,会全在车内。那张可怕的脸也会从它们当中冒出来,于是他又跟那张脸搭话。

"埋了多久啦?"

"差不多十八年了。"

"我希望你愿意活着吧?"

"很难说。"

于是挖呀——挖呀——挖呀——直到有一个乘客不耐烦地动了动,提醒他拉上窗子,他才把胳膊套进皮带牢牢挽住,一边捉摸着那两个打瞌睡的形影,直到他的心思放开它们,它们便溜进了银行和坟墓。

"埋了多久啦?"

"差不多十八年了。"

"你已经放弃让人挖出来的希望了吧?"

"早放弃了。"

这些话像刚才说的一样,还在耳边——就像他一生中听到别人说过的话一样清楚——当这位疲惫的乘客惊觉到天已亮时,发现夜的阴影已消失。

他放下车窗,瞧瞧外面升起的太阳。一片耕地的垄上扔着一挂犁,那是昨晚卸马时留在那里的;再过去,是一片寂静的灌木林,树上还残留着不少火红的、金黄的叶子。虽然大地上寒冷、潮湿,天空却很晴朗,太阳明媚、平静。

"十八年啦!"乘客瞧着太阳说道,"创造白昼的神啊! 活活埋了十八年!"

(石永礼 译)

注 释

① 指英王乔治三世(1760—1820 年在位)和王后夏洛特·索菲娅;法王路易十六(1774—1792 年在位)和王后玛丽·安托瓦内特,后者在法国大革命时期被送上断头台。

② 参看《新约·启示录》第一章第一节:"耶稣基督的启示,就是神赐给他,叫他将必要快成的事指示他的众仆人。"这里借以讽刺当时英国搞降神等迷信活动。

③ 索思科特夫人(1750—1814),宗教狂信者,自称是《启示录》第十二章中那个怀孕的妇人,能通灵,并出版预言书,有不少信徒。

④ "公鸡巷的鬼魂",指 1762 年轰动伦敦的公鸡巷闹鬼事件,当时连达官贵人、社会名流都去听那神秘的敲击声,后查明是房主的女儿所为。"过去这一年的鬼魂",指当时盛行的降神会。

⑤ 指北美殖民地为反抗英国的剥削和镇压,于 1774 年 9 月、1775 年 1 月,在费城召开殖民地代表大会,即"大陆会议"。从此揭开了美国独立战争的序幕。

⑥ 指英国。三叉戟象征海上霸权。

⑦ 指断头台。

⑧ 威斯特敏斯特,英国议会所在地。小册子,指宣传品。

⑨ 圣殿门,旧伦敦城门,当时常在城门上陈列叛逆的头示众。

⑩ 这个信差也干盗墓的勾当,所以才有这番话。

| 赏 析 |

　　和不少伟大的作家一样,狄更斯也受到不少批评家们的指责,如批评其作品中人物过于扁平、千篇一律、一味追求道德目标等,而其作品结构更遭人诟病。有评论家说,"狄更斯的小说结构受损于他那取悦人的欲望,受到他贪图方便和对自己宽容的破坏"。言下之意是说,狄更斯对小说创作并不严谨,有很大的随意性。在狄氏早期的作品中,小说的结构确实有松散之嫌,甚至有的小说开头几章与小说的整体格调看起来明显脱节。莫洛亚在《狄更斯评传》中说过:"目前,我尽管刚刚重读了《小杜丽》或《远大前程》,可是仍不能详细地叙述这些小说的情节。"而《双城记》则不然,它算得上狄更斯小说中结构严谨的一部。

　　这里节选的是小说开头的三章,主要交代了故事发生的时间、地点和人文环境等背景因素,为小说事件的展开搭桥铺路。那是 18 世纪中期,英国、法国呈现出一派经济繁荣的景象,但在经济最发达的英国,同时也拥有世界上最大的贫民窟,歌舞升平的表面下,却涌动着一股工人、农民暴动的暗流。为维护岌岌可危的上层建筑,冷酷、虚伪、贪婪的统治者们以镇压、酷刑等一切可用的高压手段残酷对待下层贫民。

　　"那是最好的年月,那是最坏的年月,那是智慧的时代,那是愚蠢的时代,那是信仰的新纪元,那是怀疑的新纪元,那是光明的季节,那是黑暗的季节,那是希望的春天,那是绝望的冬天,我们将拥有一切,我们将一无所有,我们直接上天堂,我们直接下地狱……"作品开头以行云流水般的散文语言、一组形象鲜明的对比句勾勒出统治阶级和贫民间的差异和特点,颇有"朱门酒肉臭,路有冻死骨"的反差和"祸兮福之所倚,福兮祸之所伏"的哲理。紧接着的是关于英法两国国王、王后的描写:大下巴的英国国王,面貌平常的王后;大下巴的法国国王,美貌的王后。两个国度,不同的环境,迥异的主体,不管表面如何地不一样,他们和他们的臣子却干着同样的事,那就是"聚敛财物",他们的愿望都是"江山稳定,万世不易"。横向比较,英法的乌鸦一般黑。作者的批判锋芒,毫不隐藏。

除了对英法两国的最上层统治者进行不加掩饰的抨击,狄更斯还运用大量的黑色幽默、玩世不恭的语调和充满正义的愤慨挖苦了其政治制度的腐败。在法国,统治阶层生活奢靡,"极为顺利地走着下坡路"。法国的宗教者们,打着"慈善"的幌子滥用酷刑,比如"判处一个青年砍掉两手,用钳子拔掉他的舌头,然后将他的身体活活烧死","公德"二字跟他们沾在一起,显得如此滑稽可笑。殊不知,他们的行动正为自己掘开一个个埋葬自己的坟墓,只要机会来到,"死神"农民会送他们进去,并狠狠地填土掩埋。在英国,同样的,处处鸡鸣狗盗,一派乱世情景。具有讽刺意味的是,代表统治阶层的显赫人物伦敦市长老爷也在光天化日下被抢光。强盗打死警卫,犯人与看守对打,"小偷竟在朝廷的客厅里剪去显贵们脖子上的钻石十字架","火枪兵闯进圣·吉尔斯教堂去查走私货,暴民向火枪兵开枪,火枪兵也向暴民开枪","很忙碌的"不是财富的创造者,而是"绞刑手"……透过这些"生机勃勃"的图像,人们能感到一种"山雨欲来风满楼"的气氛。革命一触即发,王公贵族们的地位岌岌可危。

与事件发生的恐怖社会环境相映衬的是小说中呈现的自然环境。故事开端于洛里先生去多佛的路上,他欲与马内特医生未曾谋面的女儿露西接上头,告诉她她父亲还活着的真相并一道启程去法国接医生回家。在动乱的年代里,这注定不可能是个一帆风顺的旅程。小说用烂泥、浓雾、雨来预示了事情发展的走势:"黑夜","整个凹地,山谷一片雾气腾腾","大雾浓得挡住马车灯的光,只能照见雾缓慢飘动,和前面几码远的路","车灯照射""形成连续不断的阴影"。狄更斯用阴暗的色调渲染出一个恐怖的梦魇般的世界;光和影的摇曳,又让人感到世界的变幻不定。在雾的笼罩下,整个路途完全没有安详、舒适、轻松感,一切都浸透在沉闷、凄凉、压抑的世界里。当然,色彩只是事物的外在属性,狄更斯并不仅仅为描写环境而描写环境,更重要的,是为了表达他对黑暗社会的不满以及对这个黑暗社会中遭受灾难的下层阶级的同情。天亮时,夜的阴影才消失。外面已然是另一番景象:"升起的太阳","寂静的灌木林,树上还残留着不少火红的、金黄的叶子","虽然大地上寒冷、潮湿,天空却很晴朗,太阳明媚、平静"。显然,狄更斯在阴暗世界里投入了一线生机、一线阳光,他祈祷着这次"解救"马内特医生的行动能顺利进行,因为在他的道德观里,好人终有好报。

环境是事件发展的外围条件,人,才是狄更斯关注的中心。他主张人与人之间互相尊重,和谐相处。可事与愿违,在狄更斯生活的那个年代,人类离和谐还有漫漫征途呢。举目看去,"各人几乎都裹得那么严实,既不让另外两位同车的肉体的眼睛,也不让他们心灵的眼睛看见","出门人都怀有戒心,不敢轻易信任别人,因为路上的人谁都可能是强盗,或强盗的同伙",警卫一直端着上好了弹药的枪,隔阂、冷漠和不信任充斥在每个个体之间,似乎处处都是陷阱。人与人近在咫尺,心却宛若天涯。故事的主人公之一——特尔森银行职员洛里先生就在这令人窒息的场景下登场了。在狄更斯的人物画廊里,洛里实在算不上重要,但在那冷漠的社会里,他却是少数给人带来温暖的人物之一。这个始终能保持克制、镇静的很有涵养的"办事人",表面上是个"没有感情,只有业务"的开"榨钱机"的"司机",他一辈子都为自己的东家——特尔森银行打理着各种事务。对"客户",洛里先生可谓尽心尽责。洛里与马内特医生存有银行的业务联系,是马内特医生的业务员,在长期的交往中与医生一家保持着深厚的友谊。在平静、不温不火的外表下,藏有一颗善良、明辨是非的心。他冒着生命危险,把马内特医生从法国接回英国疗养身体和心灵的创伤,生活中处处关照着医生的家庭生活,关键时刻,不离不弃,相伴左右。他不但"救活了"医生,在另一个黑夜,洛里的镇静又帮马内特医生的女婿度过了一次劫难,让这个幸福的家庭获得新生,从这个意义上说,洛里是马内特医生一家的"救世主"。

　　艺术上,节选的三章大体上遵循叙议交替的模式,议论、叙事、描写、对话等多种手法交替使用,共同表现主题。而最令人称道、难以忘怀的是第一章的诗歌般的优美、流畅的语言,这在狄氏的小说中并不多见。

(谢书英)

远大前程

作品提要

　　匹普是个孤儿,从小跟着姐姐乔·葛吉瑞和姐夫乔生活,朴实善良的姐夫给了匹普父亲和朋友般的爱,让他在波澜不惊中逐渐长大,后来在姐夫的铁匠铺里当了学徒。有一次,匹普遇见了逃犯马格韦契并冒险掩护他逃走。

　　贵族出身的郝薇香小姐在财产和感情被骗后变得怪僻、神经质,欲报复世上所有男人。严重心理变态的她把养女艾丝黛拉当作报复工具,匹普成了她的报复对象。她叫匹普去她家陪玩,供她调遣、解闷,并逗引匹普爱上漂亮、优雅但骄傲、自私的艾丝黛拉。两人身份的差异既让匹普自惭形秽,又使他开始编织成为“上等人”的梦想。

　　律师贾格斯受马格韦契之命送匹普到伦敦接受“上等人”的教育并给他一大笔财产,匹普的“远大理想”似乎一夜之间就要成真。在“上等人”的培训中,匹普很快传染上了上流社会虚荣、虚伪、空虚的通病,他变得势利,生活奢侈挥霍,完全忘记了与乔的亲情和友情,抛弃了与人为善的本性。

　　潜逃回国的马格韦契没能再次幸免,他被抓获,判了死刑并被没收了全部财产。顷刻间,那种海市蜃楼般的美景在匹普眼前消失了,"远大前程"彻底幻灭:财产没了,享受没了,爱情鸟也飞走了。历经变故的匹普走出了自己的幻觉,重拾善良,回归本性。

乔在妻子死后与善良的毕蒂生活在一起,他们默默地帮助匹普走出受挫的阴影。

| 作品选录 |

第三章

早上下了霜,潮湿得厉害。早起就看见我那小窗户外边蒙着一层水汽,仿佛有个妖魔整夜在那里哭个没停,把我的窗户当作了擦眼泪的手绢。走出门,只见光秃秃的篱笆上和稀疏的小草上也全是一片水汽,看上去真像粗丝络的蜘蛛网,网丝儿从这根树枝挂到那根树枝,从这棵小草挂到那棵小草。家家篱栅上,大门上,都罩着一团黏糊糊的湿气。沼地里的雾尤其浓得厉害;一直走到路牌跟前,才看见那上面朝我们村庄指着的那只手指,其实过往行人从来也不听它的,因为根本就没有人上我们那儿去。抬头一看,路牌上淅淅沥沥滴着水,我沉重的良心觉得它似乎是个鬼怪,罚我非得进水牢不可。

走到沼地上,雾更浓了,迷蒙之中只觉得一切景物都冲着我扑过来,而不是我朝着什么目标奔过去。一个作贼心虚的人,遇到这般情景,着实不好受。闸门、堤坝、河岸,都纷纷破雾而出,冲到我面前,还好像毫不客气地向我大声吆喝:"一个孩子偷了人家的肉馅饼!逮住他!"牛群也冷不防跟我撞了个照面,圆睁大眼,鼻孔里冒出白气,叫道:"哎呀!小贼!"一头戴着白领圈的黑公牛(在我这不安的良心看来,俨然像个牧师)一双眼睛死死盯住我,我走过去了,它还掉转那笨拙的脑袋,狠狠地责备我，我禁不住抽抽搭搭向它告饶："我也是没办法呀，大爷！这肉馅饼不是拿来我自己吃的呀！"它这才算低下头去，鼻子里又喷出一团热气，后腿一踢，尾巴一摔，走开了。

我一个劲儿地向河边赶去；可是不论走得多快，一双脚却始终暖和不起来，那股阴湿的寒气似乎已死死地钉住在我脚上，一如我现在去找的那个人脚上钉着脚镣一样。我知道，笔直向前走就是我要去的炮台，因为有个星期天曾经跟乔上那儿去过一趟，乔还坐在一尊古炮上对我说，多早晚我正式和他订了师徒合同，做了他的徒弟，我们再上这儿来，那该有多开心啊！可是，毕竟因为雾太浓，辨不清方向，走得偏右了点，因此不得不沿河往回走；河堤是用碎石和烂泥筑成的，还打了防汛木桩。急急忙忙顺着堤跑，跨过一条小沟，知道离炮台不远了，又爬上了对面一个小土墩，果然看见了那人，背朝着我坐在那里，两条胳膊叉在胸前，脑袋向前一冲一冲，睡得正熟。

我想，我要是这样出其不意地就把早餐送到他面前，他一定格外高兴，因此我故意悄悄走到他背后，拍拍他的肩膀。他顿时一跃而起，我一看他并不是我要找的那个人，原来是另外一个！

不过这人也是穿的灰粗布衣服，也戴着脚镣，走路也是一瘸一拐，说话也是粗声嘎气，身上也冷得嗦嗦发抖，总之，什么都和那一个一模一样，只是脸相不同，头上还多了一顶宽边矮筒的扁毡帽。这种种，我都是一眼掠过而已——我哪里还来得及多看，他早就破口大骂，伸出手来揍我了，幸而这一拳头不是劈面打来的，势头不大，也没打中，自己反而险些摔了一跤。他随即就急忙逃进迷雾深处；我看见他一路上绊了两次，后来就不见他的影儿了。

我心里想："这一定就是那个小伙子！"一旦认定了是他，我只觉得心脏一阵阵生疼。假使那时候我晓得肝脏生在什么地方的话，我看我的肝也一定会觉得发痛的。

不一会就到了炮台跟前，找到了要找的那个人。他两手抱住了身子，一瘸一拐地走来走去，在那里等我，仿佛一整夜就是那样抱住了身子，一瘸一拐地走个不停。他一定冷得厉害。我真担心他会在我面前猛地倒下，冻僵而死。我一看那双眼睛，就知道他饿得难熬；我先把锉交给他，他随手接过就扔在草地上，可是照我看，他要不是看见我手里还拿着一包吃的，可真要把锉都吃下去呢。这一次他可没有把我头朝地脚朝天翻个过儿来倒我身上的东西，却让我好端端地站在那里打开那包吃的，把口袋里的东西一件件掏给他。

他问我："孩子，这瓶里是什么？"

我说："白兰地。"

说这话时，他已经动手把碎肉往喉咙眼里送，那副吃相实在是天下少有——哪里像吃，简直像心急慌忙地把碎肉装进一个什么罐子里去。可是一听说酒，马上又放下碎肉，喝了几口。一边喝，一边嗦嗦发抖；总算难为他，酒瓶脖子衔在他嘴里居然没有给咬断。

我说："我看你是在发疟疾吧？"

他说："孩子，我想也多半是这样。"

我对他说："这一带地方真糟糕。在这种沼地上可容易害疟疾呢，你睡在这儿怎么行？还会生风湿病呢。"

他说："哪怕待在这里会要了我的命，我也要吃完了这顿早饭再说。哪怕马上就要送我到那边的绞架上去绞死，我也要吃完了再说。这一顿饭的工夫，那疟子决杀不倒我，包你没错儿。"

说着，就把碎肉、肉骨头、面包、乳酪和猪肉馅饼一古脑儿往嘴里塞。一边吃一边疑神疑鬼地向四下的迷雾里张望，动不动就要停下来听一听——连嘴巴都不嚼了。也不知是当真有什么响动，还是他想入

非非,也不知是听到了河上什么东西的叮当声,还是沼地上野兽的鼻息声,总之他忽然吃了一惊,冷不防地问我:

"你这小鬼该不是来叫我上当的吧?你没有带什么人来吧?"

"没有的事,大爷!没有的事!"

"也没有让什么人跟着你吧?"

"没有!"

他说:"那就好,我相信你。假如你这么小小年纪就要帮着人家来追捕我这样一条倒霉的小毛虫,那你简直就是一条凶狠的小猎狗,没什么说的。要知道我这条可怜的小毛虫已经给逼得只有死路一条,快成狗屎堆啦。"

他喉咙里咯嗒一响,好像身体里面装着一架钟,马上就要报点了。还抬起粗布破衣袖擦了擦眼睛。

一见他这副凄凉模样,我不由得动了恻隐之心;看他渐渐又吃起饼来,便大着胆子说道:"您吃得这样有滋味,真叫我高兴。"

"你说什么?"

"我说,您吃得这样有滋味,真叫我高兴。"

"谢谢你,孩子。是很有滋味。"

我平常看惯了家里一条大狗吃东西,现在相形之下,觉得这人的吃相和那条狗实在有几分相似。这人一口等不得一口,用足气力,蛮啃狠咬,和那条狗根本没有什么两样。一口一口囫囵吞,快得什么似的——说得更恰当些,他简直是一把一把往嘴里塞。一边儿吃,一边儿斜着眼睛左看右看,好像四面八方随时都会有人赶来抢走他这个饼似的。照我看,他这样心神不定,哪里还顾得上品一品这个饼的滋味;假使有谁跟他一起吃,难免连人都要叫他咬上一口。从这种种细节看来,他的确很像我们那条狗。

第二十七章

亲爱的匹普先生：

　　葛吉瑞先生要求我写这封信通知你：他就要和伍甫赛先生一同到伦敦去，假如你方便，能让他来看看你，那就太好了。他准备星期二上午九点到巴那尔德旅馆来看你，到时如有未便，请你留言说明。你那可怜的姐姐，现在还和你临走的时候差不多。我们每天晚上都在厨房里谈起你，猜你在说些什么，做些什么。假如你认为我们太放肆，就请你看在我们往日的友情份上，多多原谅。不多及，亲爱的匹普先生。

　　　　　　　　　　永远感激你、热爱你的仆人毕蒂

　　他还特别关照我写上"多开心啊"这几个字，他说你一看就会明白是什么意思。我完全相信，你现在尽管做了上等人，一定还会乐意和他相见，因为你一向心地好，而他又是个大大的好人。我把这封信都读给他听了，只有最后一句没有读，他特别关照我把"多开心啊"再写一遍。——又及。

　　邮局给我送来这封信，已经是星期一早上，因此信上约定的会面日期就是下一天。且让我从实招认当时我是以怎样的心情等待乔的光临的。

　　虽然我和他情深谊厚，可是听说他要来，我却并不快意；非但不快意，还相当心烦，感到有些羞愧，尤其念念不忘的是彼此的身份悬殊。要是给他几个钱就能叫他不来，我宁可给钱。好在他是到巴那尔德旅馆来找我，而不是到汉麦尔斯密士去找我，因此不会撞见本特里·蛛穆尔，这倒使我放了心。我倒不是顾忌赫伯尔特父子看见乔，因为我尊敬他们；可是一想到蛛穆尔万一会看见乔，就如芒刺在背，因为我瞧不起蛛穆尔。我们为人一世，往往就会这样，为了防范自己最看不起的人，结果干出了最最卑鄙恶劣的行径。

我早已着手装饰卧室，我不装饰则已，一装饰就要追求一种很不必要也很不相称的气派，而要对付巴那尔德旅馆那样一个地方，又着实花钱。现在这套住宅和我初来时相比，已经大为改观；说来真是荣幸，我在附近一家家具店里的欠账已经在账册上独占鳌头，足足占了好几页了。近来我的气派更是愈来愈大，大有一日千里之势，我甚至还雇了个小厮，让他穿上高统皮靴，说起来是我雇他，其实我是天天受他的节制和奴役。因为自从我一手点化了这个小妖怪（他本是我的洗衣妇家里的一堆废物），给他穿上蓝外套，鲜黄色背心，结上白领结，穿上奶油色马裤和上面说过的那种高统靴以后，总得找那么一点活儿给他干，还得弄那么许多东西给他吃；他简直像个幽灵似的，每天纠缠得我神魂不安，要我满足他这两个要求。

我吩咐这个淘气鬼星期二上午八点钟在穿堂里站岗（穿堂两英尺见方，铺地毯时记过账，所以知道），赫伯尔特提了几样早点的名目，认为这几道早点一定配乔的口味。我虽然由衷感谢他这样关注，想得周到，可是肚子里却多少憋着股气，心想：要是乔这回是来看他，他就未必这样起劲了吧。

总之，星期一晚上我就进城去张罗，准备迎接乔，第二天起了一个大早，把起坐间和餐桌安排得极其堂皇富丽。可惜一大早就下起毛毛雨来，向窗外看去，整座巴那尔德旅馆都在淌泪，泪水中夹着煤烟，简直像一个扫烟囱的大汉在伤心哭泣——这个景象，哪怕请了天使来也遮盖不过去。

时间愈来愈迫近了，要不是淘气鬼奉命守在穿堂里，我早就想临阵脱逃了。不久，就听到乔上楼来了。那样粗手笨脚地摸上楼来，一听就知道是乔，因为他那双会客鞋子总是嫌大，何况他每上一层楼，总要花上好半天念出门上标着的名姓。后来他站住在我们门外，我先听见他用手指摸摸漆在门上的我的名字，后来从钥匙孔里又清清楚楚听见他吸了口气。最后，他轻轻敲了一下门，裴裴儿（这就是那淘气鬼的诨名）一声通报："葛吉瑞先生到！"我倒急了，他怎么在门口的鞋擦上老擦个没完，再擦下去我得跑出去把他拉进来了；正想着，他倒进来了。

"乔，你好吗，乔？"

"匹普，你好吗，匹普？"

他那善良而诚朴的脸上神采奕奕，他把帽子往我们当中的地板上一放，立即抓住我的一双手，一起一落地晃个没完，简直把我当作了一架新出品的水泵。

"见到你真高兴，乔。把你的帽子交给我。"

乔小心翼翼地双手捧起帽子，却好似捧了一窝鸟蛋，怎么也不肯让这笔财产离手，一直拿在手里站着和我说话儿，真是别扭极了。

乔说："你长得高多了，胖多了，十足是个上等人了。""上等人"这个词儿他是想了好半晌才想出来的。又说："你一定能替王上和国家争光。"

"乔，你的气色也好极了。"

乔说："托上帝的福，倒是不坏。你姐姐也跟以前差不多，并没有怎么样。毕蒂总还是那么结实，那么利落。所有的亲友们虽没有好到哪里去，也没有坏到哪里去。只有伍甫赛走背运。"

说这话时，乔一双眼睛始终滴溜溜地在屋子里转来转去，在我睡衣的花饰图案上转来转去(双手还小心翼翼地捧着那个鸟窝)。

"他走了背运吗,乔?"

乔放低了声音说:"就是啊。他脱离了教堂,去演戏了。就是为了演戏,和我一块儿到伦敦来了。"乔说到这里,把鸟窝在左边胳肢窝下面一夹,右手探进窝里去掏鸟蛋,一面又继续说道:"他还想叫我把这个带给你看看哩,不知道你可见怪?"

我从乔手里接过那玩意儿一看,原来是京城一家小戏院的一张被团皱了的海报。海报上说,该院于本星期"礼聘著名地方业余艺人首次来京献演我国诗圣最伟大的悲剧①,该艺人素与罗西乌斯②齐誉,演技卓绝,在当地戏剧界轰动一时。"

我问:"你看过他的表演吗,乔?"

乔严肃认真地说:"我看过。"

"真的轰动一时吗?"

乔说:"哦,是这样,橘子皮是扔了不少。特别是演到遇鬼那一场。不过,你倒说说看,先生,人家在同鬼魂说话,你老是'阿门''阿门'地乱打岔,这叫人家有心绪把戏文演下去么?"乔压低了嗓子,议论风生而又感情充沛地说下去:"就算人家不幸而在教堂里干过事,你也不应当为了这个缘故,在这种节骨眼儿上去跟他捣乱啊。照我看是这么着,如果亲生父亲的鬼魂还不让好生招待,那还能去招待谁呢,先生? 还有,他戴的那顶孝帽小得真不像话,几根黑羽毛一插,帽子眼看就得掉下来,可是也真难为他,居然把帽子戴得牢牢的。"

乔的脸上忽然显出好像见了鬼似的神气,我明白是赫伯尔特进屋里来了。于是我为乔和赫伯尔特作了介绍,赫伯尔特伸出手来和乔握手,谁想乔却把手缩了回去,死死的抓牢鸟窝不放。

乔只是对他说:"小的向先生请安,希望先生和匹普——"说到这里,淘气鬼端了些吐司来放在桌上,乔的目光立刻落在他身上,显然打算把这位少年也一并包括进去,我向他皱皱眉头,他才缩了回去,可是这一来却弄得他更窘了,"我的意思是说,你们两位先生,住在这样一个局促的地方,身梯(体)还好吧? 也许在伦敦人看来,这个旅馆算是很不错了,论名声,我相信也是第一流的,"他把心坎里的话都掏了出来,"可是我呀,你哪怕叫我在这里养猪,我也不乐意——我看这里养起猪来不但养不肥,肉味也不会美。"

乔就这样把我们住宅的优点夸奖了一通,从中也可以听出,他现在已经动不动就要叫我一声"先生"了;说完之后,我就请他用早餐,他在室内东张西望,想要找个合适的地方放帽子,好像虽然天生万物,可是却没有几件器物能够让他安顿这顶帽子似的,最后他总算在壁炉架子的一个尖角上把帽子安置好,只是搁在那里动不动就要掉下地来。

吃早饭通常都由赫伯尔特坐在主位,他问乔:"葛吉瑞先生,你是喝茶呢,还是喝咖啡?"

乔从头到脚都是老大的不自在,说:"谢谢,先生,我喝什么都行,随您的便吧。"

"喝咖啡好不好?"

这个提议显然使乔很扫兴,他回答道:"谢谢,先生,既然你是一片诚心请我喝咖啡,我怎么好违背你的意思呢。不过,你不觉得咖啡喝了太热吗?"

赫伯尔特说:"那么就喝茶吧。"说着,就倒茶。

这时候乔的帽子却从壁炉架上掉了下来,他连忙离开座位,走过去拾起来分毫不差地放在原处,好像有意要让它马上又落下来,否则就不合乎良好教养的最高准则似的。

"葛吉瑞先生,你什么时候进城的?"

乔用手扪着嘴咳了一阵嗽,仿佛他到伦敦已经很久,连百日咳都已经染上了;咳完之后才说:"是昨天下午来的吧? 不,我说错了。哦,没说错。没有错。是昨天下午来的。"(一副神气显得又高明、又宽慰,而且公允之态可掬。)

"在伦敦观光过没有?"

乔说:"哦,观光过了,先生,我和伍甫赛一来就去看过鞋油厂。不过我们觉得那座厂实在及不上店铺门口那些红色广告上画的。"乔又作了一句解释:"照我看是这么着,广告上画得太气派宏——宏——伟了。"

"气派宏伟"这个词儿被他念得这样有声有色,倒真使我想起我见过的宏伟建筑来了。我深信他本来还要尽量拖长这个词儿的音调,好像唱歌唱到煞尾一样③,偏巧这时他的帽子又快掉下来了,他不免分了心。说真的,这顶帽子非得他时时刻刻留神不可,非得眼快手快,拿出板球场上守门员的身手来对付不可。他表演得极其出色,技巧高明到极点;或则一落下来就冲过去干净利落地接住;或则来个中途拦截,一把托起,连捧带送地在屋子里兜上一大圈,把墙壁上的花纸都撞遍了,这才放心扑上去;最后一次他把帽子掉进了倒茶脚的水盆里,水花四溅,我只好顾不得唐突,在水盆里一把抓住。

至于他的衬衣领,上衣领,那实在叫人大惑不解——两个都是猜不透的谜。为什么一个人要让自己的脖子受了那么大的罪,才算是衣冠楚楚呢? 为什么他一定要穿上这套节日礼服受受罪,才算是干净了呢? 此后,乔忽而陷入了莫名其妙的神思恍惚的状态,举起了叉子却忘了往嘴里送;忽而一双眼睛盯住了毫不相干的东西;忽而咳嗽咳得好不难熬;忽而身子离开桌子一大截,吃下肚去的东西少,落在地上的东西多,却还只做没有掉东西的样子;幸而谢天谢地,赫伯尔特不久就告辞进城去了。

　　事情弄到这个地步，其实都是我的错；我如果对乔随和些，乔也会对我随和些。可惜我既不识好歹，又不知体谅，因此迷住了心窍，反而对他不耐烦，对他发脾气，而乔待我却依然是一片至诚，这真弄得我无地自容。

　　只听得乔说："现在只有我们两个了，先生——"

　　我生气地岔断了他的话，说："乔，你怎么好叫我先生呢？"

　　乔望了我一眼，似乎隐隐含有些责备的神气。尽管他的领带和衣领是十足的可笑，可是从他的眼光中我却看到了一种尊严。

　　乔接下去说："现在只剩下我们两个了，我不想多耽搁，也不能多耽搁，现在我就来最后谈一谈——其实我还没有谈过什么呢——我来谈一谈我是怎样会有幸来拜访你的。"他像往常一样开门见山地说："老实说，要不是我一心只想为你效劳，我也不会叨光在上等人公馆里和上等人同席吃饭的。"

　　我再也不愿意看他那种眼色，因此，尽管他用这种口吻说话，我也没有吭声。

　　乔继续说下去："好吧，先生，事情是这样的：有一天晚上我在三船仙酒家，匹普；"——他深情流露，就叫我匹普；表示客气，就叫我先生——"潘波趣先生赶着他那辆马车来了。"乔说到这里，忽然转到另一个话题上去了："就是那个家伙，有时候真叫我恼火透了，他镇南镇北到处见人就吹，说你童年的伙伴是他，说是你自己也把他看作小时候一块玩儿的好朋友。"

　　"胡说。你才是我童年的伙伴，乔。"

　　乔把头微微一仰，说："这还有假，匹普，只是现在这也无所谓了，先生。我说，匹普，就是这个家伙，他声势汹汹地赶到三船仙酒家来找我

（要知道，我们干活的上那儿去抽斗烟喝杯酒，调剂调剂，可也不是什么坏事呀，先生，只要别喝得太多就是），他跑来跟我说：'约瑟夫，郝薇香小姐要你去谈谈。'"

"是郝薇香小姐吗，乔？"

"潘波趣是这样说的：'她要你去谈谈。'"说完乔就坐在那里，眼睛只顾望着天花板。

"是吗，乔？请说下去。"

乔拿眼睛瞄着我，好像我和他隔得多远似的，他说："先生，第二天，我打扮了一下，就去看霭小姐。"

"哪一位霭小姐，乔？就是郝薇香小姐吗？"

乔一本正经，丝毫不苟，好似立遗嘱一般说："先生，我说的是霭小姐，也叫郝薇香小姐。她跟我说：'葛吉瑞先生，你跟匹普先生通信吗？'我收到过你一封信，因此倒有资格说了声'正是'。（当年我娶你姐姐的时候，先生，我说了声'愿意'；如今回答你朋友问话的时候，匹普，我说了声'正是'。）她说，'那就请你告诉他一声，艾丝黛拉回来了，很乐意见见他。'"

我眼睛望着乔，只觉得自己脸上烫得像火烧。我看我当时脸上发烫恐怕暗暗还有个原因，就是因为心里感到内疚：要是早知道乔这次为此而来，我就不会对他这样冷淡了。

乔继续说下去："我回到家里，叫毕蒂把这件事写信告诉你，她不大赞成。毕蒂说，'我知道，这种事儿他是喜欢你当面告诉他的，反正现在是假期，你要去看看他，就去吧！'我的话讲完了，先生。"乔说着，就从椅子里站起来："匹普，祝你永远健康，永远得意，永远步步高升。"

"你现在就走了吗，乔？"

乔说："是的，我就走。"

"你总还要回来吃饭吧,乔?"

乔说:"不,我不来了。"

我们的目光遇在一起。他向我伸出手来时,那高尚的心胸中早已没有"先生"两字了。

"匹普,亲爱的老朋友,世界嘛,可以这么说吧,本来就是由许许多多零件配合起来的。这个人做铁匠,那个人做银匠,还有人做金匠,又有人做铜匠。难免有一天要各走各的路,到了时候分手是回避不了的事。今天,我们之间要是有什么不对劲,错都在我的身上。你和我两个人在伦敦坐不到一块儿,在哪儿都坐不到一块儿,除非到了家里,大家就成了自己人,彼此都了解。以后你再也不会看到我穿这身衣服了,倒不是因为我自尊心强,而是因为我要自在。我穿了这身衣服就不自在。我走出了打铁间,走出了厨房,离开了沼地,就不自在。你只要一想起我一身铁匠打扮,手里拿着铁锤,甚至拿着烟斗,你就决不会这样看我不顺眼了。假如你还愿意来看看我,你只要从打铁间的窗口探进头来,看见乔铁匠围着烧焦的旧围裙,站在那个旧铁砧旁边干他的老本行,你也决不会这样看我不顺眼了。我尽管极笨,可是打铁打了这些年了,这几句话毕竟总还可以说吧。愿上帝保佑你,亲爱的老朋友匹普,愿上帝保佑你!"

我果然没有想错,乔为人虽然质朴,却自有一种尊严。他说这一番话时,那一身别扭的衣服丝毫也掩盖不住他这份尊严,哪怕将来进了天国,他那副尊严的气概也决不会胜过此时。他在我额上轻轻摸了一下就走了。等我神志清醒过来,我就连忙追出去,在附近几条街上到处找他,可是他已经去远了。

(王科一 译)

| 注 释 |

① 指莎士比亚的《哈姆雷特》。

② 罗西乌斯(Roscius)是古罗马家喻户晓的喜剧演员(卒于公元 62 年)。这张海报用往古喜剧演员的名字极言当时悲剧演员的盛誉,显然是作者有意讽刺戏院老板唯利是图、信口雌黄的恶劣广告作风。

③ 乔读音不准,把 Architectural(原意为"建筑上的";此处有"气派宏伟"之意)拖长念成 architectooralooral。

| 赏 析 |

鲜有题名与内容如此相悖的作品。狄更斯的《远大前程》(一译《伟大的期望》)呈现的却是一出梦想幻灭剧。

匹普从善良淳朴到忘恩负义再回归善良的过程,让我们看到他心理变化的完整周期以及财富和贫穷对人的内心产生的不可忽视的影响。小说第三章描绘的少年匹普是个不谙世事的儿童,从儿童的眼光看周围世界,以孩子的是非观来判断周遭,人之初,性本善,此时的他单纯、善良。童年,本是生命中最无忧的季节,可以躺在父母怀中撒娇,过着无忧无虑的生活。可是匹普享受不到父母之爱,他见到的只是父母的墓碑。除了姐夫无私的爱,他一无所有。要命的是,为了那个沼泽地里的逃犯,他居然偷了家里的食物,成了一个"小贼"。从那时起,幼小的匹普就没有停止过对这件事情的担心,原本应该明朗的心情就像阴雨潮湿的天气怎么也不肯放晴。"早上下了霜,潮湿得厉害。……小窗户外边蒙着一层水汽,仿佛有个妖魔整夜在那里哭个没停,把我的窗户当作了擦眼泪的手绢。"冬晨窗户上的水汽,在匹普的眼中成了魔鬼的泪水。冷霜、浓雾、淅淅沥沥的雨,是匹普当时心情的写照。作者通过外化的方法反映出匹普内心的不安与沉重。因为做贼心虚,匹普"迷蒙之中只觉得一切景物都冲着我扑过来,而不是我朝着什么目标奔过去","闸门、堤坝、河岸,都纷纷破雾而出,冲到我面前,还好像毫不客气地向我大声吆喝:'一个孩子偷了人家的肉馅饼!逮住他!'"牛群也跟着叫他"小贼",匹普只有向黑公牛告饶。凭着丰富的想象力,从一个孩子的感受出发,狄更斯把没有生命的事物变成了有生命的事物,又把有生命的动物拟人化了,很贴切地体现了一个孩子的内心世界。小时候的我们,不也因惧怕产生过类似的幻觉?尽管害怕,匹普还是冒着危险给逃犯送吃的,这既是逃犯头天恐吓所致,同时也是匹普的善良本性的体现。

逃犯马格韦契是一个性格复杂的形象,他从穷凶极恶的杀人犯到良心发现的报恩者再到死刑犯,经历的也是一个幻想破灭的过程。由于家境贫寒,他一次又一次进出于班房。初见匹普时,他凶神恶煞,想置匹普于死地,心灵是完全扭曲的。饥饿让他"可真要把锉都吃下去",难看的吃相和匹普家里的狗"实在有几分相似","简直像心急慌忙地把碎肉装进一个什么罐子里去"。同时,他又保持高度警觉,"一边吃一边疑神疑鬼地向四下的迷雾里张望,动不动就要停下来听一听——连嘴巴都不嚼了"。对于一个处在生死边缘的犯人,求生的本能使他的行为不得不时刻处于警戒状态。出于强烈的自卑和无奈,他把自己说成是"倒霉的小毛虫",被逼得"快成狗屎堆啦",由此亦可见他社会地位的低下。当他听说还有一个脸上长疤的逃犯(使马格韦契犯罪的教唆犯)也在沼泽地上时,他恨不得马上锉开脚上的镣铐,与那个教唆犯一决生死,痛恨之情昭然脸上。

第三章篇幅不长,却包含了很多信息,除了说明幼年匹普有同情心、本性善良外,还为马格韦契以后出资培养匹普成"上等人"作了铺垫。也正是由于这章的交代,才使马格韦契后来仁爱之心的复苏趋于合理。马格韦契与康佩生之间的深仇大恨在这里也有了最初的交代。

由于马格韦契的资助,匹普从天真无邪、充满幻想的平民少年变成了追求奢华享受的"上流社会"青年。小说第二十七章展现的是匹普进入"上流社会"后,在自己租住的旅馆接见乔的场面。在伦敦过上"上等人"的日子后,原本天真淳朴的匹普染上了纨绔子弟的恶习。听说乔要来,匹普却不耐烦见他,以见他为耻。他"并不快意","还相当心烦,感到有些羞愧,尤其念念不忘的是彼此的身份悬殊"。他忘了既是姐夫又是"好朋友"的乔,忘却了在艰苦岁月里与乔建立的深厚友情。为了"迎接"乔,他早早就"把起坐间和餐桌安排得极其堂皇富丽",极尽显摆之能事。这给原想亲近匹普的乔平添了一道鸿沟,两人的关系也明显生分起来。满心欢喜的乔从乡下赶来,迎接他的是匹普冷淡的"礼貌",此情此景无异给了热情的他当头一盆冷水,可怜的乔简直手足无措,难堪、窘迫都写在了脸上。匹普则为乔笨拙的表现满脸懊恼。对乔手中帽子的描写,非常准确地表达出了乔当时拘谨、无所适从的心理。帽子成了匹普和乔之间那道不能逾越的鸿沟的象征,诉说着乔的真诚与匹普的背叛。此时的匹普,已然成了忘恩负义的坏小子,人类善良的本性正从他身上消失。谈话间,乔称匹普为"先生",更清楚地表明他们之间的关系不再像以前那样亲密。

乔的善良、诚实、厚道是一以贯之的。与乔·葛吉瑞结婚时他就决意带上匹普,之后处处帮着他护着他,让他在相对平静、温馨的环境中无忧无虑地生活。匹普腾达后,觉得乔缺乏"上等人"具有的修养,与乔交往会降低他的地位,便羞于与他交往,乔并不怨恨,一如既往地关心、牵挂着匹普。得知乔是为了传送郝薇香告知的艾丝黛拉回来的消息,匹普才后悔自己对乔的冷淡态度,心里感到了内疚——乔成了匹普良心回归的不可或缺的角色。虽然乔出身低下,他并不为此感到难过,也不像匹普那样有着不切实际的空想,他只想脚踏实地通过劳动——打铁来换得自己应该得到的东西。生活可以不富裕,但不能没有尊严。乔正是这样的,他用自己的方式告诉匹普:穷人也能尊严地活着。

个性化的语言为表现人物个性增色不少。不同的人物或相同人物在不同环境中的不同个性,都可以通过语言描写来展示与区分。沼泽地上紧张、天真的孩子口吻显出的是少年匹普的纯朴,巴那尔德旅馆中冷淡、略带嫌弃的语气则暴露了匹普进城后的世故,逃命途中的马格韦契说话狂躁、警惕,而乔的话语则时时透出一种真诚、直率。

《远大前程》中,主人公匹普想通过成为"上等人"而获得艾丝黛拉爱情的梦想火花熄灭了,马格韦契为报恩想把匹普培养成"绅士"的计划最终失败了,郝薇香小姐的报复心理最后也未得到真正的满足。狄更斯或许无意通过这系列幻灭过程苛责"金钱万能",因为在社会还未发展到不需金钱时,我们必须面对的是:金钱不是万能的,但没有金钱却更难存活。钱可以让匹普平步青云,同样也可能让他在"青云"上跌落,直至毁灭。对金钱的作用需要我们理性、辩证地看待。

(谢书英)

散文

文

游美札记

第五章

乌司特　康涅狄格河　哈得富尔　新港到纽约

我们2月5日(星期五)离开了波士顿,坐着另一路火车,去到了新英格兰一个美丽的城市乌司特①;我的计划是,在那儿待到星期一,就住在好客的州长家里。

新英格兰这些市镇和城市(他们中间,有许多在旧英格兰都只能算是村庄)使人见了,对美国乡村起好印象,也和这些地方的人使人见了,对美国乡下人起好印象,正是一样。在英国所看到的那修剪整齐的草坪和绿油油的草场,在这儿看不见,这儿的草,和我们英国那种专为美观的小块田园和牧场比起来,都显得太茂盛,太蒙茸,太荒芜了;但是秀美的陂陀,迤逦的丘阜,茂林阴阴的幽谷,细流涓涓的清溪,却到处都是。每一簇邻里聚居的屋舍中间,不论人家多么少,也都有一个教堂和一所学校,隔着白色的房顶和扶疏的树木,露出半面。每一所房子的颜色,都是白中最白的,每一个百叶窗的颜色,都是绿中最绿的,每一个晴朗天空的颜色,都是蓝中最蓝的。我们在乌司特下车的时候,尖利、干爽的风和轻微冻结的霜,使道路变得梆硬,因此路上的车辙,都像花岗石做的沟槽一样。当然,每一样东西,都呈现出异乎寻常的新鲜面貌。所有的房子,令人看来,都好像就是那天早晨刚修盖的、刚油漆的一样,并且都好像可以在星期一就毫不费事拆了下来。在那个傍晚的爽利空气里,每一种本来就清晰的线条,都比往常更加百倍地清晰。明净的游廊,跟纸壳做的似的,都看不出远近来,像茶杯上画的中国桥一样,并且好像盖的时候,也同样地本没打算让它适用。独门独院的房子上,房角都像剃刀一般锐利。仿佛把呼啸着吹到它上面的风都切断了，都割痛了，痛得比本来喊得更尖利，而飞着逃去。那些盖得非常轻巧的木骨住宅，让正要西下的夕阳灿烂地照着，只显得好像晶莹明澈，里外如一，能从这一面看到那一面，因此叫人觉得，一时一刻，都难以设想，住在房里的人，能免于众目睽睽的注视，能进行怕人的秘密。远处的房子，有时从没挂帘子的窗户里透出火光来，这种火光的来源即使是熊熊之火，却也看着好像是刚刚生着了的、并没有热气一样；这种光景，让人想起来的，不是舒适幽雅的洞房密室，有第一次看到炉火放光的人，脸膛红润，使满室生辉，有到处挂着的帷幔，和煦温暖，使满室生春。它让人想起来的，是新抹的石灰和还没干的墙壁发出来的那种气味。

那至少是我那天晚上的想法。第二天早晨，天上的太阳明朗地照着，教堂的钟嘹亮地鸣着，举止沉静的人们，都穿着他们最好的衣服，有的在近处的便道上走着，有的在远处细如丝线的道路上走着；那时候，一切都带着安息日的恬静气氛，使人觉得非常舒服。那种气氛，能和老教堂配合，就更好了，能和古坟配合，就好上加好了。但是在当时的情况下，使人心舒神畅的恬适平静，笼罩一切，让一个刚坐船渡过风涛万变的大洋，刚游过匆忙熙攘的城市的那种人，加倍地感到精神上的愉快。

我们第二天早晨，仍旧坐着火车，往前进发，先到了斯蒲令飞尔得，本来打算从那儿往我们的目的地哈得富尔那儿去。② 从斯蒲令飞尔得到哈得富尔不过 25 英里；但是在那一个季候里，因为路很坏，所以如果走旱路，就得 12 个钟头的工夫。不过幸而那年冬季特别暖，康涅狄格河没"封河"，那也就是说，没全冻，同时碰巧有一条小汽船，船长正要在那一天作这一季里第一次的航行（那也是人类的记忆里第一次的二月通航），只等我们上去就开船。我们有了这个机会，不敢耽搁，迅速上了船。我们刚上了船,船长就履行诺言,马上把船开了。

这条船被人叫作小汽船,确实是有原因的,我倒是没问它的机器是多少马力,不过我却认为,它顶多也不过有半个矮种马那样的力量。著名的矮人帕蒲先生③,很可以在它那房间里快乐地过一辈子,一直到死为止。这种房间,都安着上推下拉的窗格子,和普遍的住宅一样。窗户上都有鲜明的红帘子,在下层窗格上拉了一条松松的绳儿,把帘子挂在上面,所以,这种房间,看着很像小人国里的酒店招待顾客的起坐间,由于遭了洪水或者别的水灾而漂了起来,而正不知要漂到哪里去。但是即便在这个房间里,也都有一个摇椅。在美国,无论到哪儿,没有摇椅就简直不能过下去。

我简直不敢告诉你们这条船有多短,有多窄:用宽和长一类的字眼来量这条船,那就等于用字自相矛盾。不过,我可以说,我们大家都害怕船会来个冷不防翻了个儿,所以都待在甲板的正中间;船上的机器,通过令人惊异的缩小程序,在船中和龙骨之间开动,全部像一个 3 英尺厚的热三明治那样。

那天下了一整天的雨;我从前认为,这种下法,除了苏格兰高地④,别处不会有,现在却在这儿遇见了。只见河里到处漂的都是冰块,在我们的船下面咯吱咯吱、哔剥哔剥地响;大片的冰块,都叫水流逼到河的中间,我们的船要躲这些冰块,所取的水道,深度都不过几英寸。虽然如此,我们还是很巧妙地往前驶去;我们身上既然穿得很厚,我们就不顾天气寒冷,都站在外面,观望风景。康涅狄格河是一条宏壮的水流,河的两岸,在夏天的时候,毫无疑问,一定很美丽。不管怎么样,反正女客房间里一位年轻的女客告诉我是那样;如果一个人自己有哪种品质,就有对哪种品质的鉴赏力,那么,那位女客,就一定有鉴别美的能力,因为我从来没见过像她那样美的女人。

我们这样离奇地走了两个半小时以后（中间曾在一个小市镇边上停了一下，那儿鸣炮欢迎我们，炮比我们的烟囱还大），我们到了哈得富尔，就直奔一个特别舒服的旅馆——那儿一切都舒服，只有寝室那一方面，和普通的旅馆一样，有欠舒服；这种寝室，在我们所访问的地方，几乎到处一律，都是大有助于使人早起的。

我们在哈得富尔待了 4 天。这个城市地势优美，它坐落在一个盆地之上，群山环绕。那儿土地肥沃，树林荫翳，人工经营，极尽能事，康涅狄格州的州立法议会就设在那。出名的《蓝色法案》⑤，就是过去的时候，本州那些立法圣贤在那儿制订的。这些法案，作了许多开明的规定，其中一条，我相信，是这样订的：任何公民，如果确实证明在礼拜天和他太太接吻，都要受枷足⑥的惩罚。直到现在，过去的清教徒精神⑦仍旧大量保存。但是这种精神，却并没使人们在做买卖的时候少占一些便宜，也没使人在和别人打交道的时候，多讲一些公道，既然我从来没听说这种精神在任何别的地方起过那样作用，那我可以下一个结论，说它在这儿，也永远不会起那样作用。说实在的，满口仁义道德，满脸肃杀严厉，不管他卖来世的货色，还是现世的货色，我向来是一样看待的，所以，不论什么时候，只要我看见陈列窗里摆的货样子太引人注意了，那我就怀疑，那是不是挂羊头卖狗肉。

在哈得富尔长着那棵有名的橡树，查利王的特许书当年就藏在那棵树里⑧。这棵树现在圈到一个绅士的庭园里了。特许书现在则藏在州议会厅里。我看到，这儿的法庭和波士顿的一样；为公众服务的机构也差不多同样地完善。疯人院办得很好，盲哑院也办得很不错。

我到疯人院参观的时候，我自己问自己，哪是服务员，哪是疯人呢？起先我分辨不出来；后来听到服务员对医生报告他们所看管那些病人的情况，才知道他们原来是服务员。我这个话，当然只是限于从脸上来看这一点。因为疯人一开口,当然要说疯话。

有一个整齐严肃的小老太太,满面笑容,一团和气,从一个长廊的一头,侧着身子来到我跟前,带着无法形容屈尊就教的样子对我鞠了一躬,向我问了下面这句令人不解的话:

"庞提夫莱克特仍旧还在英国,安然无恙吗,先生?"

"不错,夫人。"我回答说。

"你上一次见他的时候,先生,他还……"

"还身体很壮,夫人,"我说,"非常地壮。他还叫我替他对你问候哪。我从来没看见过他的气色那样好过。"

这位老太太,听了我这个话,显出很喜欢的样子来。她斜着眼看了我一会儿,好像看一看我这种毕恭毕敬的样子是否是真诚的,看完了,她侧着身子往后退了几步,又侧着身子往前走了几步,于是忽然单脚一跳(她这一跳,把我吓得急忙往后退了一两步),跟着说:

"我是一个洪水以前的人⑨,先生。"

我当时,我最好也顺着她的心思,说我一起头就有些猜到她是一个洪水以前的人,我就那样对她说了。

"作一个洪水以前的人,是使人得意,使人愉快的。"那位老太太说。

"我也想是那样,夫人。"我回答说。

这位老太太把她的手一吻,又把单脚一跳,带着顶古怪的样子,脸上傻笑着,身子侧着,往长廊那一头走去,跟着仪态优雅地缓步走进了她自己的房间。

在这座楼里另一部分,有一个男疯子,躺在床上,满脸发红,满身发烧。

"好啦,"他说,一边蹶然坐起,把睡帽摘掉,"到底一切都停当了。我已经和维多利亚女王都安排好了。"

"什么都安排好了?"大夫问。

"你瞧,就是那件事啊,"他带着疲乏的样子,把手往额上一抹,"安排围攻纽约啊。"

"哦!"我装作恍然大悟的样子说,因为他直看我的脸,要我回答他。

"不错,每一个人家,凡是没有什么旗号的,英国兵都要开枪打。对于别的人,决不伤害,连一个都不伤害。希望避灾免祸的,都得把旗子挂起来。他们用不着有什么别的举动。他们只把旗子挂起来就成啦。"

即便在他谈着话的时候,我当时想,他都好像有些感觉到他说的话,前言不搭后语。他刚说完了这些话,就又躺下去,似呻吟又不似呻吟地哼了一声,用毯子把他那发烧的脑袋盖上了。

另外一个疯子,是个青年,他是因为搞恋爱和迷音乐而疯了的。他当时用手风琴拉完了他自己作的一支进行曲以后,就带着极急切的样子,要我到他屋里去。我马上去了。

我想要尽力机警,同时想要按照他的心意,尽力使他喜欢,所以我就走到窗户前面(从窗户往外看,景物甚美)运用我自己得意的应辩之才对他说:

"你住的这个地方四周的景致真美!"

"哼,"他说,一面毫不在意地用手指往风琴的键上按,"对于这样一个机关来说,就得算不错了!"

我不记得我一生中曾像那一次那样感到唐突。

"我到这儿来,纯粹是出于一时的怪癖,"他冷静地说,"没有别的。"

"哦,没有别的。"我说。

"不错,没有别的。大夫这个人很机灵。他完全能体会到我这一点。我这完全是开玩笑,我这一阵儿还是喜欢这个调调儿的,不过我想我下星期二就要离开这儿了;这个话你可不必对别人说。"

我对他保证,我对于我和他的会见和谈话,要绝对保守秘密;说完了就到大夫那儿去了。我和大夫顺着廊子往外走的时候,只见一个穿戴得很整齐的女人,态度沉静,举止安详,来到我们跟前,递过一张纸条和一支钢笔来说请我赏她一个亲笔签名。我给她签了名,然后和她分手告别。

"我想,我记得我还没进门的时候,也曾有几个女人,要我签名来着。我希望这个女人不是个疯子吧?"

"是个疯子。"

"她是怎么个疯法? 是专迷亲笔签名吗?"

"不是那样。她老听见空中有人说话。"

"啊,"我当时想,"到了现在这样进化的年头儿,还有人要搞预言这一套把戏骗人,说他们听见空中有人说话。顶好把这种人关几个来,先拿一两个摩门派⑩教徒开开刀,试一试才好。"

在这个地方,有世界上最好的候审犯人监狱,还有一个管理良好的州立监狱,一切办法都和波士顿的相同,只有一点不一样,那儿墙头上站着守望警,手里拿着装好了子弹的枪。我到那儿的时候,那个狱里收容了大约二百犯人。他们指给我囚房寝室里一个地方,说就在那儿,前几年,一个看守在更深夜静的时候,叫人杀害了,害他的是一个从室里逃出来的囚徒,因为不顾一切,拼命地想要越狱,才做下了这样的事。他们还指给我看一个女囚徒,说她是谋害亲夫的,已经一步不许外出幽禁了 16 年了。

"你认为,"我问带我参观的那个人说,"她幽禁了这么些年,她还琢磨、她还希望,有能恢复自由的那一天吗?"

"哦,琢磨、希望,"他说,"一点不错,她那样琢磨、那样希望。"

"我想,她尽管那样琢磨、那样希望,她可没有什么机会吧?"

"哦,这我可不知道,"——这种说法,我附带一提,本是美国全国流行的说法——"她的朋友信不过她。"

"她的朋友和她的案子有什么关系呢?"我这样问,是自然的。

"他们不肯替她申诉。"

"不过,我想,即便他们替她申诉,也还是不能把她弄出去吧?"

"申诉一次,也许不能,两次也照样不能。不过如果老申诉,申诉几年,把人闹得都腻烦了,也许就能把她弄出去了。"

"从前有过这样的事吗?"

"哦,有过,有的时候,那种办法,也可以生效。政界的朋友有时也可以把人弄出去。或者是申诉,或者是政界的朋友,都往往可以把人弄出去。"

哈得富尔在我的脑子里,永远要使我极为愉快,使我极为怀念。那是一个可爱的地方,我在那儿交了许多朋友,他们都是使我不能淡然置之脑后的。我们是 11 号(星期五)晚上离开那儿的,心里很难过。那天夜里,我们坐火车到了新港①。在路上,车守和我,经过正式互相介绍(在这种情况下,我们总是互相正式介绍),作了好多闲谈。我们走了大约 3 个钟头,8 点钟到了新港,住在一家顶好的旅馆里。

新港亦叫作榆城,是一个很优美的市镇。在那儿,许多的大街两旁都长着一行一行古老高大的榆树,这是从它的别名上可想而知的。在耶鲁大学,有同样的天然装饰品环绕。耶鲁大学的名气很大,地位很高。那个大学的各系,都设立在城市中心像公园或公用草场一样的地方上,校舍在树木扶疏中隐约出现。这样一来,这座大学给人整个的印象,很像一个英国古老大教堂的院落那样。在树木扶疏、绿叶成荫的时候,这个地方一定非常富有画意。即便在冬天,这一丛一丛枝干杈枒的大树,在车马喧闹的街道和居民熙攘的城市中间聚族而居,都显得古雅有致,叫人看来,仿佛城市和乡村,由于它们,得到调和——好像二者在路上中途相逢、互相握手言欢的样子,这种情形,又令人觉得新鲜,又令人觉得愉快。

我们休息了一夜,第二天起了个大清早,从从容容地赶到码头上,上了"纽约号"邮船,往纽约进发。这条船,是我所看到的美国汽船里头一条比较大一些的,而据一个英国人看来,它确乎绝不像一只汽船,而却像一个硕大无朋的洗澡盆漂在水上。我总觉得,离西敏寺桥不远那一家澡堂子,在我离开它的时候,还是个婴孩,却在我离开它以后,一下长得其大无比,从英国跑开,去到了外国,干起汽船的勾当来——让我不这样想,几乎不可能。在美国这个国家里,尤其是它是英国的无业游民特别喜欢投奔的地方,这种事情的发生,好像很有可能。

从外表上来看,美国邮船和英国邮船之间最大的不同是:美国邮船露在水面上的部分特别大,在那一部分上,正甲板是四面都挡死了的,里面装着一桶一桶的酒和别的货物,和货舱里的一层楼或二层楼堆着东西那样;在正甲板上面,还有一层甲板,叫上层甲板或者散步甲板;在这个上面,又老装着一部分机器;只见那儿,联络着活塞和曲轴的连杆,装在一个高高在上的坚固壳子里,往来不已的活动,和拉二人大锯的上手那个人⑫一样(不过是铁做的);船上看不见有什么桅杆或者别的船具,除了两个高大的烟囱而外,船上部没有别的东西。掌舵的坐在船前部一个小小的房间里(舵是用铁链子连着的,铁链子通到船的全身)。乘客们除了天气特别好的时候,都聚在甲板下面。当时船刚一离开码头,原先邮船上那种人声嘈杂、脚步混乱、往来匆忙的情况,就一下停止了。你得纳老半天闷儿,不知道船究竟怎么往前走的,因为好像没有人管它;遇到有其他同样迟钝的汽船鼓浪而来的时候,你要觉得对它不胜愤怒,因为它是一个脾气郁抑、举止笨重、毫不优雅,不像个大船的大怪物；那时候，你就忘记了，你所坐的那条船，也正和它是一样的东西。

船上的账房，总是设在下层甲板上的，你就在那儿交船费；那儿还有一个女客房间，还有存物室和行李室，还有机器舱；简单言之，那儿有那么些令人目眩心摇的东西，因而使找到男客房间这件事，成了一种困难。男客房间往往占全船整个的两边（现在这条船就是这样），每边有三层或者四层吊铺。我头一次进了"纽约号"的男客房间那时候，它在我这双还没看得惯这种地方的眼睛里，好像有勃尔凌屯长廊⑬那么长。

从新港到纽约，中间一定要经过海峡⑭，这个海峡，船行起来，并不是永远平平安安的，也不是永远令人愉快的；在那儿，曾出过几次不幸的事故。那天早晨，雨湿雾大，所以我们过了不大一会儿就看不见陆地了；不过却风平浪静，并且快到正午的时候，天气放晴。我（还有一位朋友帮着我）把饭橱里的东西和原有的熟啤酒都吃光喝完了以后，我就躺下睡觉去了，因为昨天闹了一天，非常地疲乏。不过幸而我这个盹儿打得时间不长，还能来得及跑到甲板上层，看到"地狱门"、"公猪背"、"煎油锅"和别的臭名昭彰的地方，因为这些地方都是读那本名著《狄得里齐·尼克巴克传》⑮的人感兴趣的。我们现在走的是一条狭窄的河槽，两边都有倾斜而上的河岸，岸上有幽雅的别墅点缀散布在各处，有叫人看着心清神爽的草地和树木。我们于是像箭出弦一样，把一个灯塔、一个疯人院（那些疯人看见勇往直前的汽船和横流疾涌的潮水而心花怒放，都又扔帽子，又高声呼喊）、一个监狱和别的建筑，在不大的工夫时一个跟一个地都撂在后面了；跟着就驶进了一个广阔的海湾，在万里无云的天空下闪烁有光，好像是自然的一只大眼睛，往上看着天空一样。

跟着横三竖四的房子，一簇一簇地在我们右面展开，其中偶尔有的地方上，会出现一个尖塔或者高阁，俯视下面平常的房舍；又偶尔有的地方上，会出现一片朦胧的烟雾：在这片景物的近景上，就是一片林立的桅杆，上面喜气洋洋地张着迎风猎猎的帆，挂着随风飘扬的旗。穿过这一片樯林，往对面岸上去的，有汽机渡船，船上载着人、马、马车、篷车、篮子和箱子；同时又有别的渡船，和它一次又一次地交臂而过，都来来往往，没有一刻闲着的时候。在这些昆虫一般来去不息的小船中间，有两三条威仪堂堂的大船，走起来庄严、舒缓，好像高视阔步的大人物，对于那些小船的短短程途满怀鄙夷的样子，开往海阔天空的大洋里去。日色煌煌的高山在更往外的地方上出现，金光闪闪的河流，在岛屿四周萦回，造成一片远景，它那样明净，那样蔚蓝，比它仿佛接连起来的天空，几乎不相上下。嗡嗡营营的市声，嘎搭嘎搭的绞盘声，汪汪的犬吠声，当当的钟声，辚辚的轮声，都往你那留神倾听的耳朵里直钻。所有这种种活动，都从对面熙熙攘攘的岸上，飘过纷扰动荡的海面而来，那时候它们从海水那种自由交结的情形里，又得到了新的生命，又引起了新的兴致，同时，由于它们和海水那种轻盈灵活的精神志同道合，所以它们就好像游戏似的，在水上闪耀，在汽船周围笼罩，使船旁的海水飞溅，把汽船威武地送到船坞，又飞奔而回，来迎接别的来船，接着了，就在船前飞跑，把船引进熙熙攘攘的海口。

（张谷若　译）

注　释

① 乌司特：马萨诸塞州乌司特郡的郡城，有钢铁、机器、毛织、制鞋等工业。

② 斯蒲令飞尔得：马萨诸塞州汉姆顿郡的郡城。在康涅狄格河旁，有各种工业。哈得富尔：康涅狄格州的州城兼该州哈得富尔郡的郡城，为出版事业及军火制造的工业城。

③ 帕蒲：荷兰的矮子，高 2 英尺 4 英寸，体重 27 磅。1815 年在伦敦被展出过。

④ 狄更斯于 1841 年到苏格兰旅行,给他朋友的信里说:这儿老下雨,那种劲儿,除了在这儿,在别处就没见过。又说:这儿的天就是一个喷水管,永远没有停止喷水的时候。苏格兰分两部分,东南为低地,西北为高地,高地山更多,更高峻,更荒凉、嶙峋,故为游人所趋。

⑤《蓝色法案》:美国还是英国殖民地时期的法律,特别是新英格兰地方的法律,对私人生活作了许多规定,如禁止在安息日做游戏,强迫人到教堂做礼拜等。

⑥ 枷足:英美刑具之一种,把人的脚枷起来。

⑦ 清教徒精神:指清教徒在道德方面严厉到不能容人容物的程度而言。新英格兰最初的殖民者都是清教徒。

⑧ 据传说,17 世纪末,英王要取消美国殖民地的特许权,英国派去的行政长官安得勒司于 1688 年要夺取这个特许书,殖民者就把它藏在这棵橡树的空干里。这棵橡树就叫做特许书橡,它于 1856 年为暴风吹倒。

⑨ 按照《圣经》,洪水以前的人,寿命都极长。

⑩ 摩门派:美国宗教的一派。这一教派的信徒,相信《摩门经典》,相信教主有神赋的权力,相信死人真能复活,等等。

⑪ 新港:康涅狄格州新港郡的郡城。

⑫ 拉二人大锯时地下挖一个锯木坑,把木材横在坑边上,一个人在坑里,一个人在木材上面,就这样拉锯。

⑬ 勒尔凌屯长廊:一条通路,上面有顶,两边是商店,在伦敦皮卡狄利街旁。

⑭ 海峡:原文 sound,即海峡之意。这个海峡应为长岛海峡(Long Island Sound),后面狭窄的河槽,应为东河(East River),广阔的海湾,应为纽约湾(New York Bay)。东河实一狭海峡。

⑮《狄得里齐·尼克巴克传》:欧文的一本讽刺当时历史书的作品。"地狱门"等地名,见该书第 4 章近尾处。

| 赏　析 |

　　《游美札记》是狄更斯于 1842 年访问美国后写作的,以特写和随笔的形式记录了他在美国的所见所闻,讽刺和抨击美国社会的黑暗现象,诸如假民主、贫富差距、政府机关的腐败以及野蛮的奴隶制度等。本文节选部分为他从乌司特、康涅狄格河、哈得富尔新港到纽约的见闻。

　　第一次到美国的狄更斯,首先注意到的是美国的自然风貌,因而他用了许多篇幅描写美国不同于英国的地貌风景,展现了狄更斯对大自然细致敏锐的观察力。如在乌司特,狄更斯对比了美国和英国的草地。"在英国所看到的那修剪整齐的草坪和绿油油的草场,在这儿看不见,这儿的草,和我们英国那种专为美观的小块田园和牧场比起来,都显得太茂盛,太蒙茸,太荒芜了;但是秀美的陂陀,迤逦的丘阜,茂林阴阴的幽谷,细流涓涓的清溪,却到处都是。"狄更斯善于运用丰富、准确的语言来描绘美丽的景物,令人产生无尽的遐想。他以生花妙笔展现出从新港到纽约的船上看到的风景:"在这片景物的近景上,就是一片林立的桅杆……穿过这一片樯林,往对面岸上去的,有汽机渡船,船上载着人、马、马车、篷车、篮子和箱子……日色煌煌的高山在更往外的地方上出现,金光闪闪的河流,在岛屿四周萦回,造成一片远景,它那样明净,那样蔚蓝,比它仿佛连接起来的天空,几乎不相上下。"由近及远,一幅有船有人、有山有水的立体风景画缓缓呈现于读者面前。然而狄更斯并不满足于此。为令读者产生身临其境之感,还在文字中加入了声音:"嗡嗡营营的市声,嘎搭嘎搭的绞盘声,汪汪的犬吠声,当当的钟声,辚辚的轮声,都往你那留神倾听的耳朵里直钻。"这便带给读者视觉与听觉全方位的感受。狄更斯曾被英国文学史家誉为"语言风景画大师",从这些风景描写中可见一斑。

　　狄更斯访问美国的目的不仅是游山玩水,同时也对美国的社会制度进行考察。他每到一个城市,几乎都要参观那里的行政、立法、司法机构以及各种公共设施、慈善事业,并了解普通人的生活。19世纪的美国对于欧洲人尤其是英国人来说是一种新型的国家。当时的有识之士对于这种"没有君主、没有封建主义,也没有国教的自由平等的新型国家"是怀抱热情而心向往之的,狄更斯便是如此。然而他所看到的美国社会却并不完全像他想象的那样美好。因此在《游美札记》中,狄更斯对美国社会的记录可谓褒贬并存,真实客观。在节选章节中,狄更斯主要写了疯人院和监狱这两个美国的公共机构。对于哈得富尔的疯人院,狄更斯给予了肯定。他还详细写了与其中一些疯人的接触。他充分发挥了早年当新闻记者的才能,从对话、神态、动作等方面准确生动地描摹了他们的生存状态和心理状态。在参观监狱时,他不仅对监狱的情况进行了客观描写,还向带领他参观的人了解"内幕"。原来"政界的朋友"往往可以把囚犯弄出去。狄更斯通过这样的一件小事揭露了美国政府和司法机关的混乱与腐败。

　　无论是对于风景的描写,还是对社会制度、风土人情的记录,狄更斯都力求做到准确、客观、生动。因为他要展现在读者面前的不是人们理想中的美国,而是一个真实的美国。他在《游美札记》的结束语中写道:"我一开始的时候,就把后面这一句话当作我唯一的目标:那就是,我到什么地方,也把读者老老实实地带到什么地方;这个目标可以说达到了。"

(张　丽)

附录

1812 年

2 月 7 日，出生于朴次茅斯。

1821 年

进入私立学校念书。

1822 年

因父亲调任，全家前往伦敦。

1824 年

辍学，进入黑鞋油作坊当童工。
父亲因无力还债被捕，全家住进负债者
监狱。

1825 年

离开作坊，进入威灵顿学院读书。

1827 年

再次辍学，在律师事务所做学徒。

1829 年

学习速记，开始担任法庭速记员。

1831 年

进入报社工作。

1836 年

与凯瑟琳结婚。
《博兹特写集》出版。

1837 年

《匹克威克外传》出版。

1838 年

《雾都孤儿》出版。

1841 年

《老古玩店》出版。

1842 年

访问、游览美国。
《游美札记》出版。

1848 年

《董贝父子》出版。

1850 年

《大卫·考坡菲》出版。

1852 年

《圣诞故事集》出版。

1853 年

初次进行作品的公开朗诵表演。
《荒凉山庄》出版。

1854 年

《艰难时世》出版。

1857 年

《小杜丽》出版。

1859 年

《双城记》出版。

1861 年

《远大前程》出版。

1865 年

《我们共同的朋友》出版。

1870 年

6 月 9 日，因脑溢血逝世。

（闻　怡）

图书在版编目(CIP)数据

狄更斯作品鉴赏辞典 / 上海辞书出版社文学鉴赏辞
典编纂中心编 . —上海：上海辞书出版社，2015.12
（外国文学名家名作鉴赏辞典系列）
ISBN 978 - 7 - 5326 - 4519 - 0

Ⅰ.①狄… Ⅱ.①上… Ⅲ.①狄更斯，A.（1812～
1870）—文学欣赏—词典 Ⅳ.①I561.064 - 61

中国版本图书馆 CIP 数据核字(2015)第 265591 号

狄更斯作品鉴赏辞典
上海辞书出版社文学鉴赏辞典编纂中心 编
责任编辑/杨 凯 辛 琪 技术编辑/顾 晴
装帧设计/姜 明

上海世纪出版股份有限公司
辞书出版社出版
中国图书进出口上海公司发行
2015 年 12 月第 1 版
ISBN 978 - 7 - 5326 - 4519 - 0/I · 292

www.ingramcontent.com/pod-product-compliance
Lightning Source LLC
Chambersburg PA
CBHW070443090426
42735CB00012B/2448